지금 왜 혁명을 말하는가

지금 왜 혁명을 말하는가
더 나은 삶을 꿈꾸는 이들에게 들려주는 시대의 지성 9명의 조언

지은이 | 노엄 촘스키, 하워드 진, 바버라 에런라이크 외
엮은이 | 사우스엔드프레스
옮긴이 | 강주헌
펴낸이 | 김성실
기획편집 | 이소영 · 박성훈 · 김하현 · 김성은 · 김선미
마케팅 | 곽홍규 · 김남숙
인쇄 · 제본 | 한영문화사

초판 1쇄 | 2013년 9월 4일 펴냄

펴낸곳 | 시대의창
출판등록 | 제10-1756호(1999. 5. 11.)
주소 | 121-816 서울시 마포구 연희로 19-1 4층
전화 | 편집부 (02) 335-6125, 영업부 (02) 335-6121
팩스 | (02) 325-5607
이메일 | sidaebooks@daum.net

ISBN 978-89-5940-264-9 (03300)

책값은 뒤표지에 있습니다.
잘못된 책은 바꾸어드립니다.

TALKING ABOUT A REVOLUTION first published 2000 in the United States by South End Press, 7 Brookline Street #1, Cambridge, MA 02139-4146, USA.
Copyrights ⓒ 1998 by the South End Press Collective
For rights, contact: southend@southendpress.org, www.southendpress.org
All rights reserved.

Korean translation edition ⓒ 2013 by Window of Times
Published by arrangement with South End Press, USA
via Bestun Korea Agency, Seoul, Korea
All rights reserved.

이 책의 한국어 판권은 베스툰 코리아 에이전시를 통하여 저작권자와 독점 계약한 시대의창에 있습니다. 저작권법에 의해 한국 내에서 보호를 받는 저작물이므로 어떠한 형태로든 무단 전재와 무단 복제를 금합니다.

이 도서의 국립중앙도서관 출판시도서목록(CIP)은
서지정보유통지원시스템 홈페이지(http://seoji.nl.go.kr)와
국가자료공동목록시스템(http://www.nl.go.kr/kolisnet)에서 이용하실 수 있습니다.
(CIP제어번호: CIP2013015447)

하워드 진
Howard Zinn

노엄 촘스키
Noam Chomsky

바버라 에런라이크
Barbara Ehrenreich

벨 훅스
bell hooks

지금 왜 혁명을 말하는가
더 나은 삶을 꿈꾸는 이들에게 들려주는 시대의 지성 9명의 조언

강주헌 옮김

우르바시 바이드
Urvashi Vaid

피터 쾽
Peter Kwong

위노나 라듀크
Winona LaDuke

매닝 매러블
Manning Marable

마이클 앨버트
Michael Albert

시대의창

차례

옮긴이의 글   혁명의 정의가 달라진다   7
서문   11

하워드 진
우리는 모두 노동자다 – 인종, 국적, 젠더를 넘어서 ……………… 22

노엄 촘스키
나는 내가 할 수 있는 일을 할 뿐이다 ……………………… 42

우르바시 바이드
희생양을 생산하는 사회 ………………………………… 64

피터 큉
큰 변화는 작은 투쟁에서 시작한다 ……………………… 90

위노나 라듀크
진정한 보수주의자 ·· 114

벨 훅스
절망의 시기에 희망만큼 중요한 것은 없다 ················ 136

바버라 에런라이크
정부가 내 편이 아니라면 더 대담하게 ······················ 158

매닝 매러블
혁명의 기술 – 대중의 일상에 파고들기 ···················· 180

마이클 앨버트
변화에 끝은 없다 ·· 202

*이 책의 주석은 모두 옮긴이가 달았다.

옮긴이의 글

혁명의 정의가 달라진다

작은 도시에 살지만 우연찮게 고등학교 동기들이 10명 넘게 모여 살기 때문에 한 달에 한 번씩은 모임을 갖는다. 구성원들의 이념적 성향은 대체로 제각각이지만 한 가지 공통점이 있다. 누구도 이제는 언론 보도를 곧이곧대로 믿지 않는다는 것이다. 보수 성향의 신문만이 아니라, 진보 성향의 신문도 마찬가지이다. 적어도 내가 함께하는 집단에서 언론은 이미 믿을 만한 대상에서 지워졌다. 그 이유가 무엇일까? 언제부터인가 이념과 원칙보다는 내 편과 네 편으로 갈린 듯이 보이기 때문이다. 모두가 외눈박이로 변해버렸다. 원칙과 이념에 충실한 외눈박이라면 박수를 보내야 마땅하겠지만 내 편을 감싸고 상대편을 비방하는 외눈박이로 변해버려 의식 있는 민중을 피곤하게 만든다. 이런 판단은 내 동기 집단에만 국한된 이야기는 아닐 것이다.

　이런 세상에서 우리는 무엇을 믿어야 할까? 지식인들이 엘리트주의에서 벗어나서 "우리가 변화를 이끄는 막후 세력이라는, 또 우리가 민중을 위하여 대단한 역할을 하는 사람이라는 의식을 떨쳐 내고 우리도 민중의 일원이라고 생각"하며, 일정한 원칙과 이념에 근거해서 불편부당하게 사건을 판단해주기를 바라지만, 그들마저 자기편의 언론과 한통속이 돼버린 듯하다. 또 민중을 자처하는 우리도 자신을 솔직하게 돌이켜봐야 한다. 다수의 행복을 도외시하고 나에게 이익이 되는 것만을 취하지는 않았는지, 대기업의 탐욕은 욕하지만 우리 주변에서 흔히 보이는 중소기업의 탈세적 행위는 의식조차 못하지 않았는지 등을 돌이켜봐야 한다.

　우리는 흔히 숲과 나무를 동시에 볼 수 없다고 말한다. 맞는 말이다. 그러나 숲과 나무를 차례로 보는 것은 가능하다. 다시 말하면, 세상을 정확히 보기 위해서는 끊임없는 공부가 필요하다. 그래야 언론과 지식인의 편향된 시각을 그나마 균형 잡힌 시각에서 분석할 수 있다. 외눈박이여도 부분을 기준으로 전체를 본다면 얼마든지 균형적일 수 있다. 결국 우리의 행복과 미래는 우리의 손에 달려있다.

　정의가 병든 세상은 달라져야 한다. 이른바 모두가 행복한 세상을 만들기 위해서는 지금과 달라야 한다. 어떻게 변해야 할까? '혁명'은 무서운 것이란 인식이 팽배하다. 그 이유를 "이전의 관습이나 제도, 방식 따위를 단번에 깨뜨리고 질적으로 새로운 것을 급격하게 세우는 일"이라는 혁명의 사전적 정의로 설명할 수 있을 듯하다. 변화를 싫어하는 게 인간의 심리라고 주변에서 말하지 않는가. 하물며 급격한 변화인 혁명을 반기겠는가. 하지만 그렇다면 지금과는 완전히 다른 세상을 어떻게 구현할 수 있을까?

  이 책은 그 답을 9명의 좌파 사상가들에게 물었다. 그들은 지난 30년의 투쟁에서 얻은 교훈을 바탕으로 혁명, 즉 정의가 꽃피는 약속의 땅을 즉각적인 목표보다 점진적인 프로젝트로 생각하자고 말한다. 환경운동가 라듀크는 "우리는 50개년 계획, 심지어 100개년 계획이라도 가져야 한다"라고 말한다. 인간의 역사를 보면, 지금은 아주 짧은 순간에 불과하다. 라듀크의 말대로, 100년은 무척 짧은 시간일 수 있다. 우리 세대에는 이루지 못하더라도 100년 후의 후손이 '정의가 꽃피는 약속의 땅'에서 살 수 있는 초석을 우리가 놓겠다고 결심하면, 그것이 혁명의 시작일 것이다.

충주에서

강주헌

서문

요즘 '혁명revolution'을 운운하면 많은 사람이 웃겠지만, 30년 전만 해도 세계 곳곳에서 많은 사람이 혁명을 당면 과제로 여겼다. 하노이와 파리에서, 프라하와 디트로이트에서, 또 애틀랜틱시티와 멕시코시티에서 수많은 남녀가 새로운 삶의 방식을 구현하기 위해 투쟁했다. 각국 정부가 1960년대 말에 일어난 거의 모든 저항운동을 신속하게, 때로는 무자비하게 진압했지만 그런 폭력적 진압으로도 인간의 존엄과 정의를 향한 열망까지 억누를 수는 없었다. 우리는 불의에 맞서 싸워야 할 열정과 불굴의 의지가 오늘날 다시 필요하다는 생각에 이 책의 제목으로 '혁명'을 택했다.

'혁명'은 인류에게 닥친 문제의 범위를 보여주기도 한다. 자본주의가 이미 승리를 거두었고 앞으로도 모두에게 지금보다 더 나은 삶의 조건을 제공할 거라는 프로파간다와 달리, 이 책에서는 민중의 삶이 더욱 처참하게 변해간다고 주장한다. 행복과 자유를 추구할 가능성이 줄면 줄었지 늘지는 않았다. 이 책의 인터뷰에 응해준 작가들과 행동주의자들은 다양한 집단에서 활동하고 있지만, 정치에서 허울뿐인 변화가 아닌 근본적인 변화가 필요하다고 이구동성으로 말한다. '자유의 땅'이라는 미국에서 특히 소득 격차와 수감률 및 보건과 사회적 지표 등에서 평등으로 가는 길이 요원하다는 게 증명된다.

근본적인 변화를 위한 운동을 가로막는 가장 큰 장애물 중 하나는 기업의 미디어 지배이다. 또한 유치원부터 대학원까지 교육기관을 지배하는 기업의 힘도 나날이 확대되는 실정이다. 다국적기업들이 저녁 뉴스를 지배하는 세상에서 통상관련법의 무수정 일괄 승인, 국제 무기 거래, 은행의 초대형 합병 및 이런 현상들이 가난한 노동자계급에 미치는 영향은 거의 다루어지지 않는 반면, 유명 인사들의 스캔들과 대량 학살 등 흥밋거리로 뉴스 시간이 채워진다고 해서 놀라울 것은 전혀 없다.

이 책은 미디어의 합병이 전례없이 진행되던 시기에 처음 출간됐다. 지금은 가수 조니 미첼Joni Mitchell이 신랄하게 고발한 '스타 제조방식'이 음악산업과 할리우드의 영화산업은 물론이고 텔레비전 제작물과 신문까지 지배하는 세상이다. 인포테인먼트 산업에서 보조적인 지위로 전락한 책과 잡지는 텔레비전 영상물을 제작하기 위한 콘텐츠를 제공하는 데 초점이 맞추어진다. 진지한 논픽션을 출간하는 출판사들, 특히 사우스엔드프레스처럼 사회주의적 색채를 띤 출판사들은 마감 시간을 쥐어짜고 베스트셀러를 쏟아내는 출판산업계의 공세에 짓눌려서 압사할 지경이다. 게다가 대학교 학과마저 기업이 제공하는 '연구' 계약에 몸을 팔아, 독립적이고 지적인 활동이 뿌리째 위협받고 있는 실정이다. 대학교 출판사들도 미국 연방정부의 지원금 감소에 대처하기 위해서 학술 논문보다는 유명 인사들의 전기를 출간하고 있다.

이런 자본 문화의 주역은 기업의 얼굴마담 빌 클린턴Bill Clinton이다. 클린턴은 1992년에 열린 민주당 전국위원회 선거에서 민간기업의 이익을 보장하는 사유주의를 천명하면서 중성자 폭탄급 파장을 일으켰다. 요컨대 진보주의자들이 집권이란 달콤한 약속에 넘어가 클린턴의 워싱턴이란 신기루를 좇은 까닭에 좌파 진영이 유령도시처럼 변해버린 것이다. 클린턴이 진보주의적 원칙을 준수하겠다는 암묵적 약속을 손쉽게 저버린다는 걸 많은 사람이 깨닫게 되면서, 바버라 에런라이크Barbara Ehrenreich의 표현대로 '좌파와 클린턴의 밀애'는 다소 소원해지기 시작했다. 그러나 클린턴이 바람직하지 않은 복지 법안에 서명하고, 사형을 확대하며, 동성애자의 결혼을 금지시켰는데도 많은 진보주의자가 클린턴의 둥지를 떠나지 않았다.

이 책에서는 20세기 내내 급진주의자들이 줄기차게 주장한 사회·경제적 정의를 위한 원칙을 고수한 사람들을 인터뷰했다. 여기에서 그들의 삶을 간략하게 소개하려는 이유는 그들을 신격화하기 위해서가 아니다. 혁명적 열정을 평생 유지하고 후세에 전하는 것이 가능하다는 걸 보여주기 위함이다. 또한 누구라도 역사에서 교훈을 얻고 미래를 낙관적으로 생각하면, 오늘날의 극심한 불평등과 맞서 싸울 수 있다는 걸 보여주기 위한 것이기도 하다. 이 책에 소개한 사상가들은 한결같이 진보적인 변화를 촉구하기 위해 적어도 지난 20~30년을 헌신한 사람들이다. 노엄 촘스키Noam Chomsky는 10살 때 에스파냐의 파시즘을 반대하는 입장을 공개적으로 천명했을 정도다. 그러나 그들 중 누구도, 세계의 기업화가 급속히 진행되는 와중에도 사회를 변화시키기 위해서는 노동자와 가난한 사람들의 힘이 절대적으로 필요하다는 믿음을 잃지 않았다는 사실이 더욱 중요하다.

이 책에서 인터뷰한 사상가들은 대다수가 민권운동에서 많은 영향을 받았다고 말한다. 1950년대 말과 1960년대 초, 하워드 진Howard Zinn은 애틀랜타 스펠만 대학교 교수로서 운동에 참여하는 동료 학자들과 학생들을 지원했다. 마틴 루서 킹Martin Luther King 목사의 장례식은 당시 17세이던 매닝 매러블Manning Marable이 정치에 눈을 뜨는 순간이었다. 매러블은 오하이오 데이턴에서 발행되던 흑인 공동체 신문을 대표해 장례식을 취재했다. 켄터키의 조그만 도시에서 학교를 다니던 벨 훅스bell hooks는 인종차별 폐지 정책에 따른 혼란을 직접 경험했다. 백인들이 인종차별 폐지에 저항하는 걸 보고 훅스는 "우리 삶의 사회적 관습을 지배하는 정치 이데올로기로서 백인 우월주의가 국가의 어떤 강제 규정보다 다수의 백인들에게 더 강력하다는 걸 깨닫고서야…… 진정으로 정치에 눈을 떴다".

베트남전쟁을 반대하는 운동도 많은 사람에게 진보적인 의식을 강화하는 훈련장이었다. 하워드 진은 1968년 하노이로 날아가, 북베트남 정부가 처음으로 석방한 미군 전쟁 포로들을 인계받았다. 마이클 앨버트Michael Albert는 민주사회를 위한 학생연맹 지도자로서, 노엄 촘스키는 특훈 교수로서 MIT(매사추세츠공과대학교)의 반전운동에 함께 참여했다. 피터 쾽Peter Kwong은 반전운동 과정에서 아시아계 미국인들의 복잡한 입장을 몸소 겪은 후에, 베트남인을 향한 미국 문화의 태도와 행동에 명시적으로 드러난 인종차별만이 아니라 겉으로 드러나지는 않지만 반전운동이라는 이데올로기에 내재된 인종차별까지 처절하게 깨달았다. 인종정책과 계급정책의 경계면에 있던 피터 큉과 매러블은 반전 조직과 사회주의 조직에 꾸준히 참여하며, 정체성에 기반을 두고 그 둘을 결합시키는 방향으로 나아갔다. 에런라이크도 여성운동단체와 반전단체 모두에 참여했다. 당시 11세로 인도에서 미국으로 갓 이민 온 우르바시 바이드Urvashi Vaid는 반전시위에 참여했고, 위노나 라듀크Winona LaDuke는 매일 저녁 텔레비전에서 시신의 수가 늘어나는 걸 지켜보면서 정치의식을 키워갔다.

베트남전쟁 동안, 촘스키를 비롯한 많은 사상가가 국가와 기업 권력의 현실을 왜곡해 전달하는 매스미디어의 역할에 주목하기 시작했다. 1973년 촘스키는 에드워드 허먼Edward Herman과 함께 미국 제국주의를 고발하는 획기적인 책을 출판재벌인 워너북스의 한 자회사를 통해 발표했다. 책이 출간되기 직전 워너북스의 소유자들이 책의 내용을 알게 되면서, 책의 배포는 실질적으로 중단되고 말았다. 게다가 그 자회사는 결국 공중분해되고, 도서목록은 당시 아무런 출판 계획도 없던 다른 자회사로 넘어갔다. 촘스키와 허먼이 '프로파간다 모델'이라 칭한 기업의 미디어 지배에 대한 비판은 당연히 이런 노골적인 정치 탄압에 초점을 맞추었다.

위노나 라듀크는 1973년을 아메리카 인디언 운동American

Indian Movement, AIM 단원들이 운디드니를 점령한 해로 기억한다. 1973년은 급진적인 전국 주간지 《게이 커뮤니티 뉴스*Gay Community News*》가 창간된 해이기도 하다. 바이드는 훗날 이 주간지를 통해 동성애자의 인권을 옹호하는 토론에 적극적으로 참여했다. 베트남전쟁이 끝나자 여러 갈래로 나뉘어져 있던 신좌파New Left의 에너지가 1970년대의 '새로운 사회운동'에 결집됐다. 유색인과 여성, 그리고 경제만이 아니라 민중의 힘도 중요하다는 사실을 깨달은 백인 남성들이 성차별과 인종차별 문제를 포용하는 방향으로 사회주의 이론을 확대시키기 시작했다. 피터 큉은 뉴욕 차이나타운에서 노동자를 조직하는 데 힘을 쏟았고, 매러블은 사회주의자와 흑인 민족주의자 조직의 중재자 역할을 자임하고 나섰다. 에런라이크는 여성운동권에 사회주의적 이념을 심는 데 주력했다. 하버드 대학생이던 라듀크는 원주민 지역 및 제3세계를 오염시키는 기업과 정부의 만행을 고발하는 연구를 시작했고 나중에는 나바호 개발에 반대하는 투쟁에 참여하기에 이르렀다.

  다양한 쟁점을 다루던 사회주의자와 과격한 단체 들은 1970년대에 위축된 반면에, 새로운 사회운동에 참여하는 조직은 크게 늘었다. 따라서 하나의 쟁점에 집중하는 조직과 정체성 정치 identity politics*의 한계가 운동의 안팎에서 뜨거운 쟁점으로 떠

올랐다. 많은 행동주의자가 다양한 독립된 단체에 가입해 다양한 운동을 연계시키는 개인적인 가교 역할을 했다. 예컨대 라듀크는 대부분이 백인이고 중산층인 원자력 반대 운동가들과, 원주민 보호구역에서 우라늄 광산 개발을 반대하는 원주민들 사이에서 가교 역할을 했다. 또한 핵에너지와 핵무기에 관련된 단체들, 핵재앙이라는 극단적인 위협 및 군국주의와 가부장제도가 은연중에 사회에 미치는 조직적인 폐해 등을 다루는 단체들을 연계시키는 데에도 앞장섰다. 바이드와 훅스는 유색인 여성 단체들에 참여해 인종차별주의자, 엘리트주의자, 젠더 문제에만 집중하는 페미니즘의 동성애에 대한 편견, 민족과 인종 전통 내의 성차별 문제로 주의를 환기시켰다. 훅스가 1981년에 발표한 첫 책,《나는 여자가 아닙니까 Ain't I a Woman?》는 '제2의 물결'인 페미니즘이 물러나고 다문화·다계급을 지향하는 제3의 물결로 여성의 급진주의가 이동했음을 알리는 많은 징조 중 하나였다.

  1980년 로널드 레이건Ronald Reagan의 당선은 그의 호전주의와 환경 파괴, 그리고 인종차별, 안티-페미니스트, 안티-게이

• 계급, 인종, 성, 성적 취향 때문에 억압받은 집단의 일원으로서 갖는 집단 정체성에서 발현되는 정치라는 뜻으로 해석된다.

를 내건 보수적 종파의 부상에 저항하는 진보 세력을 초토화했다. 베트남전쟁을 반대할 때 분명히 제기됐던 반反제국주의가 1980년대에 들어서면서 다시 좌파의 핵심 쟁점으로 부상했다. 니카라과, 엘살바도르, 남아프리카공화국의 해방 세력과의 연대에 관련해서, 촘스키는 "이런 현상은 제국주의 역사에서 전례가 없습니다…… 수천 명의 시민이 공격받는 지역에 직접 찾아간 사례는 여지껏 없었습니다"라고 말했다. 미국 내에서는 '레이거노믹스Reaganomics'가 부자에게로의 부의 이동, 여성과 아동의 빈곤화, 유색인과 동성애자 공동체의 희생을 뜻했다. 에이즈가 유행병처럼 확산되면서 남성 동성애자들이 15년 동안 땀 흘려 이루어낸 공동체가 하루아침에 파괴되어 신기루처럼 사라지자, 그때까지 스스로를 억압받는 사람들이라 여기지 않던 동성애자들이 정치색을 띠기 시작했다. 죽느냐 사느냐 하는 문제를 두고, 주로 액트업ACT-UP* 을 통해 표출된 그들의 정당한 분노는 베트남전쟁 이후 미국에서 가장 효과를 거둔 행동주의의 일부로 발전했다.

  이 책에 실린 인터뷰에서는 정치화 과정, 자의식이 너무 강해 잠재적 참여자 및 지원자로부터 소외당하는 좌파, 경제주의를

---

* Aids Coalition to Unleash Power, 정부의 에이즈 대책 강화를 요구하는 미국의 시민 단체.

지향하는 신좌파와 정체성을 강조하는 새로운 사회운동 단체들 간의 갈등을 비롯해 많은 주제가 공통적으로 다루어진다. 인터뷰에 응해준 사상가들은 좌파에게 엘리트주의에서 벗어나 민주적인 좌파가 되기를 한목소리로 촉구한다. 피터 큉은 지식인들에게 "우리가 변화를 이끄는 막후 세력이라고, 또 우리가 민중을 위해서 뭔가를 해야 한다고 생각하지 말고, 민중과 함께 일해야 한다!"고 충고한다. 또한 몇몇 사상가는 자의식으로 똘똘 뭉친 급진주의자들에게 대중문화와 스포츠와 종교를 폄하하는 자세를 버리라고 촉구한다. 정체성 정치의 가치에 대해서는 의견이 분분하지만, 정체성에 기반을 둔 자율적 조직을 만들고 계급 분석과 투쟁 내에서 인종과 젠더에 섬세한 주의를 기울일 필요와 가치에 대해서는 모두가 인정하는 듯하다.

 지난 30년의 투쟁에서 얻은 교훈을 바탕으로 운동 지도자들은 '혁명', 즉 정의가 꽃피는 약속의 땅의 등장을 즉각적인 목표라기보다 점진적인 프로젝트로 생각한다. 에런라이크는 원인과 결과가 조금씩 축적된다는 뜻에서 혁명을 '마블 굴리기'라 칭했고, 라듀크는 "우리는 50개년 계획, 심지어 100개년 계획이라도 가져야 한다"라고 말한다. "이제 우리는 어디로 가야 하는가?"라는 질문에 촘스키는 "어디서부터 시작해야 할까요? 어디에서나 가능합니다!"라는 말로 모든 인터뷰이들의 생각을 한마디로 집약해주었다.

  한 건을 제외한 모든 인터뷰는 사우스엔드프레스의 앤서니 아노브Anthony Arnove, 로이 헤이즈Loie Hayes, 린 루Lynn Lu, 소니아 샤Sonia Shah가 1997년 가을부터 1998년 겨울까지 직접 만나거나 전화와 이메일로 진행했다. 우르바시 바이드의 인터뷰는 얼터너티브 라디오의 데이비드 바사미언David Barsamian이 진행했고, 1996년 그 라디오 방송을 통해 전 세계로 방송됐다. 소중한 시간을 할애해 인터뷰에 응해주고 자신의 활동 상황을 가감없이 소개해준 모든 분에게 감사의 말을 전한다. 또한 정치에 막 눈을 뜬 신인부터 노련한 행동주의자까지, 이 책을 읽는 모든 독자가 여기에 담긴 그들의 친근한 어조, 개인적인 식견과 진지한 열망에서 도전받고 영감받기를 바란다.

사우스엔드프레스

하워드 진

우리는 모두 노동자다
―인종, 국적, 젠더를 넘어서

Howard Zinn

하워드 진(1922~2010)은 노동사를 연구한 학자로 역사가, 희곡작가, 인권운동가로도 활동했다. 브루클린에서 유대인 이주민의 아들로 태어나 빈민가에서 성장했고, 조선소 노동자로 떠돌다 제2차 세계대전에 공군 폭격수로 참전했다. 제대군인원호법의 도움을 받아 27세에 뉴욕 대학교에 입학한 후 컬럼비아 대학교에서 박사 학위를 받았다. 1956년 애틀랜타 스펠만 대학교 역사학과 교수가 되었고, 그때 학생비폭력조정위원회SNCC와 밀접한 관계를 맺으며 인종차별에 저항하는 민권운동에 앞장섰나. 그 후 베트남전쟁을 반대하는 여론을 조성하는 데 큰 역할을 해 냈으며, 1964년부터 1988년까지 보스턴 대학교의 정치학 교수로 재직했다. '민중을 사랑하는 말썽꾼'이라 불렸던 하워드 진은 2010년 사망할 때까지 사회 변화를 향한 열정으로 많은 사상가와 행동주의자에게 영감을 주고 용기를 북돋아주었다. 대표 저서로 민중의 시각에서 미국의 역사를 바라본 《미국 민중사A People's History of the United States》가 있으며, 그 외에도 자전적 저서인 《달리는 기차 위에 중립은 없다You Can't Be Neutral on a Moving Train》와 미국의 폭력과 법의 계급성을 폭로한 《오만한 제국Declaration of Independence》, 미디어에 수십 년 동안 기고한 글을 정선해 모은 《하워드 진 읽기The Zinn Reader》, 희곡 《에마Emma》, 《미국 민중사》에 등장하는 인물들의 연설, 논설, 시와 노래 가사 등을 모아 직접 편집한 《미국 민중사의 목소리Voices of a People's History of the United States》 등이 있다. 2008년에는 《미국 민중사》의 내용을 미국 중·고등학교의 역사 교육에 활용할 수 있도록 웹사이트에서 강의를 무료로 다운로드 받을 수 있게 한 교육 프로젝트를 진행했으며, 2010년에는 맷 데이먼Matt Damon, 모건 프리먼Morgan Freeman 등과 함께 《미국 민중사》와 《미국 민중사의 목소리》를 기반으로 한 다큐멘터리 〈민중의 목소리The People Speak〉를 제작하기도 했다.

우리가 지향하는 목표의 성패는 쉽게 예측할 수 있는 게 아닙니다.
그래도 예측할 수 있는 게 한 가지 있기는 합니다.
불공평한 경제, 인종차별과 성차별을 바로잡기 위해 우리가 뭔가를 하지 않으면,
결코 좋은 결과를 기대하기 힘들다는 것입니다.

사우스엔드_ 선생님은 미국에서 노동의 역사를 지워버리려는 음모에 대항해 끈질기게 투쟁하셨습니다. 오늘날의 행동주의자들은 과거의 노동 투쟁에서 어떤 교훈을 받아들여야 할까요? 예컨대 물류 운송업체 UPS의 파업은 민중의 지지를 얻는 데 성공했습니다. 어떤 이유에서 민중의 지지를 얻을 수 있었을까요?

하워드 진_ 미국 역사에서 노동 투쟁으로 얻은 가장 소중한 교훈이 있다면, 노동 투쟁이 일어났다는 사실 그 자체일 겁니다. 미국에는 다른 나라에서 일어난 것과 같은 계급투쟁이 없었다는 전통적 의견은 잘못된 것입니다. 어쩌면 미국처럼 극적이고 격렬한 노동 투쟁의 역사를 지닌 나라도 없을 겁니다.

또 하나의 교훈은, 방향을 상실하고 헤맬 때조차 노동 투쟁은 한결같이 노동자들의 이익을 대변했다는 겁니다. 1886년 시카고의 농기계 제작회사인 인터내셔널 하베스터International Harvester의 파업은 헤이마켓 사건Haymarket Affair*으로 이어져, 네 명의 무정부주의 지도자가 사형을 당하고 급진주의 운동이 잠시 억압당했습니다. 그러나 헤이마켓 순교자들의 장례식 때 2만 5,000명의 민중이 거리를 행진했습니다. 그 사건으로 말미암아, 에마 골드만Emma Goldman을 비롯한 많은 사람이 정치에 눈을 떠 노동운동 지도자나 급진주의자로 변신했습니다. 1913~1914년의 콜로라도 파업**은 결국 방향을 상실했지만 러들로 학살Ludlow Massacre***로 막을 내리며 세대를 막론하고 많은 사람에게 큰 충격을 안겨주었습니다. 젊은 역사학자로서 처음 그 사건을 접했을 때 나 또한 엄청난 충격을 받았습니다.

노동운동에서 배울 교훈은 너무 많아 일일이 열거하기 힘들

- 하루 8시간 노동을 주장하며 헤이마켓 광장에 결집한 노동자들이 경찰과 충돌하여 경찰 포함 11명이 죽고 백여 명이 다쳤다. 노동 결의대회가 처음 열린 5월 1일을 기념하여 매년 집회를 열기로 한 것이 메이데이의 시작이다.
- ** 1913~1914년 콜로라도 주에서 임금 및 노동 착취, 열악한 노동 환경에 저항하며 일어난 탄광 파업.
- *** 1914년 콜로라도 파업 중 파업 노동자를 대신하던 교체 노동자의 시신이 발견되자, 이것이 파업 노동자의 소행이라고 판단한 콜로라도 주 방위군이 탄광 가족이 거주하는 천막촌을 공격해 어린이 포함 20명의 사상자를 낸 사건.

정도입니다. 노동자의 공동 이익이란 대의로 인종과 국적, 젠더의 차이를 이겨낸 경험도 우리가 얻은 교훈 중 하나입니다. 요컨대 인종, 국적, 젠더의 차이는 피상적인 것에 불과하고 계급 연대가 기본이란 걸 보여준 거지요. 1912년 로렌스 섬유공장에서는 국적이 서로 다른 12명의 이민자가 파업을 벌여 승리를 거두었습니다. 또 1930년대에는 산업별 노동조합Congress of Industrial Organizations, CIO이 미국 노동 총연맹American Federation of Labor, AFL의 인종차별과 배타주의를 규탄하며 독립해 흑인과 백인, 남자와 여자를 구분하지 않고 대량생산 산업의 조직원으로 받아들였습니다.

UPS 파업이 민중의 지지를 얻는 데 성공한 이유는, 저임금과 해고의 위협에 시달리던 노동자들이 각성했기 때문입니다. 우리가 매일 길거리에서 만나는 사람들이 대기업의 막강한 힘을 인식했기 때문입니다. 요컨대, 대중들도 경제 불안정을 몸소 겪고 있던 터라 UPS 노동자들과 일체감을 가질 수 있었던 겁니다. 또한 다른 노동조합들이 지원과 연대를 보였다는 점도 대중의 지지를 얻는 요인이 됐습니다.

사우스_ 선생님은 민권 투쟁을 기록하는 데도 큰 족적을 남기셨습니다. 1960년대 이후로 인종차별에 대한 토론은 어떤 방향으로 변했습니까? 이런 변화를 어떻게 설명할 수 있을까요?

진_ 차별철폐조치에 대한 반발을 보고 있으면 얼마 전까지 인종차별이 뜨거운 쟁점이었다는 것, 또 우리가 그 차별을 이겨냈다는 것을 잊게 되기 십상입니다. 어쩌면 이런 반발은 현상을 유지하려는 사람들을 화나게 할 만큼 우리가 상당한 진전을 보였다는 증거일 수 있습니다. 인종차별이 아직 존재하지만, 노예제도의 기나긴 역사를 고려하면 놀랄 것은 없습니다. 흑인과 백인 모두가 인종차별을 의식하고 있고, 우리가 1950년대 이후로 크게 성장했다는 걸 잊어서는 안 됩니다. 실제로 그 이전에는 인종차별을 의식조차 않았죠. 아직 진지하게 논의조차 시작하지 않은 것이 있다면, 차별철폐조치 이후에 닥칠 문제들입니다. 요컨대 차별철폐조치가 지금만큼 필요하지 않을 때 닥칠 문제들, 즉 부의 분배와 경제체제 등에 관한 문제 말입니다. 다시 말하면, 흑인과 백인, 남성과 여성이 일자리와 대학 정원 등 자본주의로 인해 부족해진 자원을 두고 경쟁할 필요가 없도록 경제체제의 근본적인 변화가 있어야 한다는 뜻입니다.

미국은 완전고용이 가능하고, 모두에게 무상교육과 무상의료를 실시할 수 있을 만큼 부유한 나라입니다. 현대사에서 영향력 있는 흑인 지도자들은, 인종차별이 독립적으로 악순환을 거듭하는 동시에 경제의 계급 구조에 크게 의존한다는 것을 지적했습니다. 예컨대 사회학자 E. 프랭클린 프레지어Edward Franklin Frazier는 뉴욕 시의 의뢰로 작성한 1935년 할렘 폭동•에 관한 보고서에서, 폭동의 원인이 흑인에 대한 일자리 차별에 있다고 주장했습니다. 민권운동가 필립 랜돌프Asa Philip Randolph는 제도적으로 고용을 공정하게 하지 않으면 흑인은 제2차 세계대전에 협조하지 않겠다고 프랭클린 루스벨트Franklin Roosevelt를 협박했습니다. 또 1963년 시민권을 얻기 위한 워싱턴 대행진이 있은 후 AFL-CIO(미국 노동 총연맹 산업별 회의) 총회에 참석한 랜돌프는 워싱턴 대행진은 시작에 불과하고 흑인과 백인 모두가 경제 정의 실현에 함께 노력해야 할 것이라고 주장했습니다. 마틴 루서 킹 목사는 말년에 흑인들에게 가난을 척결하기 위해 다시 투쟁의 깃발을 높이 세워야 한다고 촉구했습니다.

사우스_ 선생님은 《에마》를 비롯해 희곡도 여러 편 쓰셨습니다. 선생님은 연극을 매개로 어떤 메시지를 전달하고 싶으셨던 겁니까? 정치를 소재로 한 예술과 문화의 분위기가 많이 바뀌었다고 생각하십니까? 예컨대 1997년 풍자 작가인 다리오 포Dario Fo가 노벨문학상을 수상하면서 정치극이 무대에 올려질 기회가

• 주머니칼을 훔치다 잡힌 흑인 소년이 맞아 죽었다는 소문에서 촉발된 할렘 최초의 인종 폭동.

늘었다고 생각하십니까?

진_ 예술에는 두 가지 기능이 있다고 생각합니다. 하나는 즐거움을 주는 것이고, 다른 하나는 사회의식을 고양하는 것입니다. 즐거움만 주는 예술이라고 폄하해서는 안 됩니다. 스탈린주의에서는 용납하지 않겠지만, 질병과 전쟁 및 질식할 듯한 노동 환경에서 해방될 때 우리는 언제라도 유머, 음악과 시, 흥분과 모험이 있는 인간다운 삶의 즐거움을 표현할 수 있어야 하기 때문입니다. 더욱더 많은 사람들이 이러한 즐거움을 느낄 수 있어야 하고요. 반면에 즐거움 없이 사회의식만 고양하는 것은 예술의 감흥을 떨어뜨리고 예술을 정치 팸플릿으로 전락시키는 것입니다. 정치 팸플릿이 우리에게 필요하다는 걸 인정하더라도 말입니다. 즐거움도 주고 의식도 일깨워주는 예술 작품이어야 합니다. 다리오 포가 그런 예술을 추구한 대표적인 작가입니다. 물론, 그런 예술을 추구한 많은 예술가들이 모든 예술 분야에 있습니다.

책과 논문을 썼고, 그런 작업도 가치 있다고 생각했지만 그 단계를 넘어서고 싶었기 때문에, 달리 말하면 예술의 핵심인 감성을 더하고 싶은 욕심에 (산문도 잘 쓰기만 하면 가능하겠지만) 희곡을 써보기로 결심했습니다. 1975년 혼신을 다했던 반전시위가 끝나고 숨을 고를 기회가 주어졌을 때였죠. 에마 골드만에 관해 쓴

게 첫 희곡이었는데 적어도 내 마음에는 쏙 들었습니다. 그 희곡이 두 가지 기준, 즉 미학적인 면과 사회적인 면을 충족했다고 생각하거든요. 게다가 나는 운도 좋았습니다. 타고난 연출가 맥신 클라인Maxine Klein과 뛰어난 배우들(보스턴의 넥스트무브 극단)에 의해 공연됐으니까요. 덕분에 〈에마〉는 1977년에 보스턴에서 가장 오래 공연된 연극이 됐습니다. 뉴욕에서는 배우이며 연출자인 내 아들, 제프 진Jeff Zinn이 무대에 올렸습니다. 그 후에도 런던과 에든버러 페스티벌에서 공연됐고, 일본어로 번역돼 도쿄와 일본의 다른 도시들에서 공연되었습니다.

정치를 소재로 한 예술에는 언제나 장애물이 있기 마련입니다. 정치계는 노골적으로 정치색을 띠는 연극에 대해 냉소적 반응을 띠고, 정치극은 시장을 확보하기도 어렵습니다. 톰 스토파드Tom Stoppard•는 《진실한 것The Real Thing》에서 이런 문제에 무척 의연하게 내처힙니다. 그러나 예나 지금이나, 앞으로도 그렇겠지만 정치극에 대한 관객의 반응은 뜨겁습니다. 극작가와 극단이 그런 장애물을 이겨낼 용기와 끈기만 가지면 됩니다. 공공사업진흥국이 제작한 연극들은 '논쟁적 연극'으로 쉽게 폄하되지만 실제로는 그렇지 않습니다(물론 미학적이지도 않고 재미도 없

• 체코슬로바키아 태생 영국의 극작가.

는 논쟁적 연극이 있기는 합니다). 입장료가 적정하게 책정되면 수백만 명의 관객을 불러 모았고, 심지어 연극을 평생 한 번도 보지 않은 사람까지 극장을 찾았습니다. 특히 샌프란시스코 마임 극단의 공연에는 관객이 구름처럼 모여들었습니다.

좌파 사람들은 정치적으로 대담한 예술을 만들어내는 데 지나치게 소극적입니다. 주제가 얼마나 대담하느냐는 중요하지 않습니다. 유머와 음악, 극적인 긴장, 영감 등을 더해 예술적으로 다듬는다면 관객은 저절로 찾아올 겁니다. 나는 작가들이 어떤 시대의 특징을 과장한다고 생각합니다. 물론 표면적인 것은 언제나 변하기 때문에 한 시대의 특징은 어떤 표면에 있는 것이 아니라 겉모습 아래에 감추어진 것입니다. 완전히 다른 겉모습에서도 예술에 내재된 감성이 관객들을 감동시키고, 관객들에게 본능적으로 아는 것이 옳은 것이라 말해줍니다. 본능적으로 아는 것이 그들의 경험과 일치하기 때문에 결국 옳은 것이라고 말입니다.

사우스_ 선생님은 평생 교육자로 살아오시면서 전국의 젊은이들과 함께 일하고 연구하는 데 끝없는 열정과 시간을 쏟으셨습니다. 선생님 세대에 비해 요즘 젊은 세대는 어떤 점이 다르다고 생각하십니까?

진_ 당신은 교사들과 많은 사람들에게, 요즘 대학생들은 1960년대 세대보다 국제 사건에 관심이 없다는 말을 귀가 따갑도록 들었을 겁니다. 하지만 레이건 시절 1년에 1,000명가량을 가르친 내 경험으로 보면 그렇지 않습니다. 요즘 대학생들은 우리 세대보다 경제적 압력을 훨씬 많이 받고 있다는 걸 고려해야 합니다. 학사 학위, 특히 예술계와 인문계 학위가 직장을 보장해주지 않습니다. 엄청난 학비 때문에 부모의 꿈을 채워주는 것 말고는 눈길을 다른 데 돌릴 틈이 없습니다. 게다가 베트남전쟁이 끝난 후로는 학생들이 결집할 만한 대단히 중대한 쟁점이 없었습니다. 돌이켜보면 중대한 쟁점이 부각되었을 때 시위가 수백여 대학 캠퍼스에서 일어났습니다. 남아프리카공화국에 대학 기금을 지원하는 것을 막기 위한 시위, 또 중앙아메리카에 대한 미국의 간섭을 반대하는 시위가 대표적인 예입니다. 또 걸프전쟁 동안에도 전국의 대학 캠퍼스에서 시위와 저항이 있었습니다. 따라서 화급한 쟁점이 불거져 행동이 요구되면 전국의 대학생들이 행동에 나서는 모습을 보게 되리라는 걸 나는 추호도 의심하지 않습니다. 1980년대에 내가 가르쳤던 학생들은 사회적 쟁점들, 예컨대 군국주의, 남아프리카공화국의 인종차별, 인종 및 계급 간의 불평등, 페미니스트적 쟁점 등에 깊은 관심을 보였습니다. 다만, 그런 관심을 쉽게 표현하는 방법을 찾아내지 못했던 것일 뿐입니다.

나는 학생들이 근본적으로 이상주의자들이라고 생각합니다. 우리가 흔히 말하는 '성공'을 넘어 삶에서 훨씬 중요한 것을 추구하는 이상주의자들 말입니다. 다만 그들의 이상을 표현할 적절한 환경과 적절한 출구가 없습니다. 상황이 어두워 보이지만, 때가 되면 언제라도 학생운동이 들불처럼 다시 일어날 거라고 나는 믿습니다.

사우스 _ 미국의 노동자들은 해고 위기에 처하거나 임시직으로 전락하고 말았습니다. 그들의 분노와 좌절을 조직화해서 진보적인 방향으로 변화를 도모할 가능성이 있다고 보십니까?

진 _ 백인, 유색인, 이민자를 막론하고 노동자의 분노를 조직할 가능성은 아주 높습니다. 하지만 엄청난 노력과 시간이 걸릴 겁니다. 요즘 노동운동에 새로운 동력이 더해질 것 같은 희망찬 조짐이 보입니다. 노동조합에 가입하지 않은 노동자들을 조직화하려는 열망과 새로운 투지가 엿보이고, 화이트칼라와 서비스업에 종사하는 노동자들이 조직의 필요성을 인식하는 분위기가 팽배하니까요. 미국에 다시 조직을 결성하기 위한 운동이 일어난다면, 인종과 젠더를 초월해서 모든 노동자와 공동체 구성원을 하나로 결집시키는, 계급 문제에 초점을 맞춘 조직화 운동이 될 것이라고 믿습니다. 하지만 쉬운 일이 아닙니다.

사우스_ 어떤 점에서 좌파에 동조하지 않는 사람들과 공통분모를 찾을 수 있을까요? 그들과 제휴하는 것에 우선권을 두어야 할까요?

진_ 부富가 터무니없이 위에 집중돼 있고, 국민총생산에 비해 국민 절반 이상의 생활수준이 부끄러울 정도로 처참하며, 부자에게만 세제 혜택이 돌아가 가난한 사람과 중산층은 아무런 혜택도 누리지 못하고, '큰 정부'의 폐해를 이야기하는 황당무계한 주장에도 불구하고 미국이 모두에게 의료보험과 쾌적한 주거 환경 및 좋은 교육과 적절한 임금을 보장할 수 있을 만큼 풍요롭다는 것을 대부분의 미국인이 동의한다는 점에서 공통분모를 찾을 수 있을 겁니다. 큰 정부는 부패할 수 있지만 사회보장제도, 메디케어Medicare*, 제대군인원호법** 등을 고려했을 때 반드시 필요하다고 말하는 사람들, 또 대기업의 필요성보다 부패 가능성이 훨씬 높다고 말하는 사람들과는 합의점에 도달하는 데 많은 시간이 걸리지 않을 겁니다. 많은 교육과 조직화 과

* 고령자·장애자 의료보험.
** 퇴역 군인에게 교육, 주택, 보험, 의료 및 직업훈련의 기회를 제공하는 프로그램 및 법률.

정이 필요하지만, 민중에게 무엇이 잘못됐는지 이해시키고 잘못된 부분을 고치기 위해 행동해야 한다고 설득하는 것은 어렵지 않을 것입니다.

사우스_ 정치 개혁을 위한 노력에 선생님은 어떤 가치를 두십니까? 급진적인 변화, 결국 혁명적인 변화를 위한 노력을 고무하기 위해서는 무엇이 필요하다고 생각하십니까?

진_ 정치 개혁이 선거 개혁을 위한 입법을 뜻하는 것이라면, 내 생각이지만 그런 노력은 별로 가치가 없습니다. 부가 사회를 지배하는 한, 부가 정치까지 지배할 것이 뻔하기 때문입니다. 노동 현장에 근거를 둔 풀뿌리 행동이 권력을 재조정할 때, 새로운 정치운동이 일어나 양당 체제에 도전할 수 있을 겁니다.

사우스_ 선생님도 아시다시피, 지금도 전국에서 작은 투쟁이 무수히 일어나고 있지만 주류 언론에서는 전혀 다루어지지 않습니다. 대안적이고 행동주의적인 미디어에 종사하는 사람들에게는 어떤 점에서 상황이 유리하게 혹은 불리하게 바뀌었다고 생각하십니까? 또 새로운 테크놀로지가 정보의 흐름을 어떤 식으로 지원하고 혹은 방해한다고 생각하십니까?

진_ 전국에서 일어나는 투쟁에 대한 정보가 세상에 거의 알려

지지 않는다는 것은 부인할 수 없는 사실입니다. 전국 각지를 여행할 때마다 내가 전혀 몰랐던 일, 아니 그 지역 사람들 말고는 아무도 모르는 일이 시시때때로 일어나는 걸 알고 등골이 오싹합니다. 얼마 전에 워싱턴 주 올림피아에 다녀왔습니다. 올림피아에 가서야, 걸프전쟁 동안 수천 명의 올림피아 시민이 거리를 행진하고 주의회 의사당을 점령했다는 걸 알 수 있었습니다. 걸프전쟁에 반대한 다른 시위들처럼, 올림피아의 시위도 전국지나 전국 텔레비전 방송에는 보도되지 않았습니다. 한번은 미네소타의 작은 도시 덜루스에 갔는데 12개의 조직이 시청 한 귀퉁이에 테이블을 놓고 앉아 농성을 벌이고 있더군요. 행동 계획을 담은 인쇄물이 테이블에 잔뜩 쌓여 있었고요. 그때 미네소타 덜루스에서 어떤 일이 벌어졌는지 아는 미국인이 있었을까요? 플로리다의 탤러해시에서는 학생들과 주민들이 근처 버싯 농장에서 일하는 노동자들을 지원하려고 시위를 벌이는 현장을 목격했습니다. 끔찍한 환경에서 일하는 이민 노동자들을 보고 분노한 사람들이었습니다. 캘리포니아 산타크루스에서는 래스칼스RASCALS라는 이름의 청년 단체를 보았습니다. 열정으로 충만한 청년들은 고등학생들에게 교육 자료를 나눠주고 있었습니다. 학생들이 반드시 읽어야 할 정기간행물과 책의 제목, 그리고 학생들이 가입하면 좋을 조직들의 주소가 적혀 있는 자료였습니다.

테크놀로지는 언제라도 나쁜 목적으로 사용될 위험이 있습니다. 하지만 테크놀로지는 우리에게 미국 전역은 물론이고 전 세계와도 즉각적으로 소통할 수 있는 가능성을 제공해주기 때문에, 우리는 새로운 테크놀로지를 적극적으로 활용할 수 있어야 합니다. 예컨대 나는 이메일을 사용한 뒤로 멕시코의 치아파스Chiapas 반군에게 정기적으로 소식을 듣습니다. 무미아 아부자말Mumia Abu-Jamal•의 사형이 1996년 8월로 확정됐을 때 사형 집행을 반대하는 시위에 참가하자는 이메일이 전국에서 폭주했습니다. 나는 처음에는 그토록 고약한 판결을 내렸던 판사가 사형 집행을 유예하고 재판을 다시 하겠다는 놀라운 결정을 내린 이유가 이메일의 폭주에 있다고 믿습니다. 1996년 로니 더거Ronnie Dugger가 기업의 힘에 맞서기 위해 시작한 새로운 시민 조직인 시민동맹Citizens Alliance이 텍사스에서 창립 총회를 열고 결성된 후 전국 50~60개 지부의 활동 소식이 매일 내 이메일로 배달됩니다. 또 미국이 1998년 2월 이라크를 폭격하려고 준비했을 때는 미국과 캐나다에서 폭격을 반대하며 일어난 시위에

• 급진적 흑인민권운동단체인 블랙팬서의 운동원, 라디오 방송 기자. 백인 경찰을 살해했다는 혐의로 1982년 사형을 선고받았다. 1999년 무혐의로 밝혀졌으나 종신형으로 감형되는 데 그쳤다.

관련된 정보가 이메일로 쏟아져 들어왔습니다.

사우스_ 로스 페로Ross Perot부터 랠프 네이더Ralph Nader까지, 제3당이 지역 및 전국의 선거 정치에 어떤 영향을 미쳤다고 생각하십니까? 진보적인 후보자를 선거에 내세우기 위해서는 노동당이나 신당 같은 정당에 무엇이 필요하다고 생각하십니까?

진_ 기술적으로 극복해야 할 장애물이 상당히 큽니다. 주의회가 제3당이 출현하기 힘들게, 또 투표용지에 후보자 이름을 올리기조차 힘들게 법을 만들어놓았기 때문입니다.

로스는 유효 투표의 거의 20퍼센트를 획득하면서, 정치적 대안에 대한 국민의 갈증이 크다는 걸 입증해 보였습니다. 로스의 경우는 분명히 정치적 대안이었습니다. 진보적인 제3정당의 문제는 수십억 달러의 선거비용을 마련하기 위해 수백 만의 노동자와 시시자에게 손을 벌려야 하고, 법을 개정하기 위해서 주민발의를 해야 하며, 가능하면 모든 선거구에 후보자를 낼 수 있어야 한다는 것입니다. 모든 제3정당이 지지받아야 마땅하겠지만, 표가 갈리지 않도록 하려면 녹색당, 신당, 노동당 등의 정당들이 빠른 시일 내에서 힘을 합쳐야 할 겁니다.

사우스_ 선생님은 줄곧 사형제를 반대하셨습니다. 그러나 지금까지 매사추세츠 주에서만 사형제를 보류한 정도입니다. 사형제를 반대함으로써 기대할 수 있는 정치적 효과가 무엇이라 생각하십니까? 또 교도소의 노동 착취나 의무적 양형제도처럼 나날이 가혹해지는 형벌 형태에 맞서 싸우기 위해서 행동주의자들이 어떤 전술을 사용해야 한다고 생각하십니까?

진_ 가장 필요한 것은 교육입니다. 우리 국민은 범죄로부터 시민을 보호하겠다고 나팔을 부는 정치인들의 목소리만 들어왔습니다. 미디어는 정치인들의 목소리를 무비판적으로 국민에게 전했고요. 따라서 지역 라디오 방송, 대안 신문, 토론 집회 등 가능한 모든 통신수단을 활용해야 합니다. 교도소는 범죄의 근원을 없애지 못하고, 사법제도가 범죄를 해결하는 속도보다 가난과 절망적인 삶의 조건이 범죄를 키우는 속도가 훨씬 빠르다는 사실을 국민에게 알리는 데는 많은 시간이 걸리지 않습니다. 더구나 기업 범죄는 용납하면서 좀도둑이나 마약 사용자를 처벌하는 위선을 고발한다면, 우리가 상식적으로 무엇을 논의해야 할지 답이 나옵니다. 또한 교육보다 교도소 운영에 더 많은 예산이 쓰이고, 범죄자를 교도소에 수감하는 데 드는 비용으로 범죄자를 하버드에서 교육시키고도 남는다는 걸 알게 되면 모든 국민이 놀랄 겁니다. 그리고 무엇이 잘못됐는지 이해할 겁니다. 비폭력적 범죄자가 감옥에서 어떻게 지내는지 국민에게 알리고,

미디어의 세뇌 작업으로 인한 '재소자들은 지독히 폭력적이고 교정할 수 없을 만큼 흉악한 범죄자'라는 국민의 잘못된 인식을 바로잡기 위한 교육이 하루라도 빨리 시작돼야 합니다.

사우스_ 지금까지 고안된 대안적 제도가 성공적으로 운영되고 있는 분야가 있는지요? 또 앞으로 어떤 분야에서 그럴 가능성이 있다고 생각하십니까?
진_ 의사와 간호사 협의회가 시작한 지역 건강 진료소, 대안 학교, 영농 협동조합, 소비자 협동조합이 좋은 예라고 생각합니다. 대안적 경제 제도를 만들려면 아직도 갈 길이 멉니다. 그러나 만약 우리 시스템이 극적으로 변한다면 우리 삶의 모든 분야에서 대안적인 기구의 설립이 뒤따라야 할 것입니다.

사우스_ 가까운 장래에 우리가 성취해야 할 목표는 무엇이라고 생각하십니까?
진_ 모르겠습니다. 우리가 지향하는 목표의 성패는 쉽게 예측할 수 있는 게 아닙니다. 그래도 예측할 수 있는 게 한 가지 있기는 합니다. 불공평한 경제, 인종차별과 성차별을 바로잡기 위해 우리가 뭔가를 하지 않으면, 결코 좋은 결과를 기대하기 힘들다는 것입니다.

노엄
촘스키

나는 내가 할 수 있는 일을
할 뿐이다

Noam Chomsky

미국의 세계적인 좌파 석학 노엄 촘스키(1928~)는 언어학자이며 정치분석가이다. 펜실베이니아 필라델피아의 유대계 러시아 이민자 가정에서 태어난 촘스키는 어린 나이부터 정치에 눈을 떴고, 10세에 에스파냐의 파시즘을 비난하는 정치 논문을 쓰기도 했다. 펜실베이니아 대학에서 언어학, 수학, 철학을 공부했으며, 1955년 언어학 박사 학위를 받았고, 곧이어 MIT의 교수가 되었다. 언어학과 철학, 국제 문제와 미국의 대외 정책 등의 정치적 쟁점에 관련해 글을 쓰고 강연을 해온 촘스키는 특히 팔레스타인과 중동, 동티모르와 걸프전쟁, 매스미디어에 대한 대담하고 직설적인 독설로 국제적인 명성을 얻었다. 지금도 촘스키는 신자유주의적 세계화와 강대국의 대외 정책, 사회 내의 권력 등의 문제를 신랄하게 비판하는 강연과 대담을 활발하게 하고 있다.

저서로 《숙명의 트라이앵글 Fateful triangle》, 《여론조작 Manufacturing Consent》, 《미국이 진정으로 원하는 것 What Uncle Sam Really Wants》, 《그들에게 국민은 없다 Profit over People》, 《507년, 정복은 계속된다 Year 501, The Conquest Continues》, 《불량국가 Rogue states》 등이 있으며, 그 외에도 그의 강연과 인터뷰 내용을 모은 《촘스키, 누가 무엇으로 세상을 지배하는가 Deux heures de lucidité》, 《촘스키, 세상의 물음에 답하다 Understanding Power》 등이 있다.

지배계급이 만들어낸 것들은
인간의 의지에 따라 존폐가 결정되는 제도일 뿐입니다.
역사적으로 독재적인 제도는 언제나 사라졌듯이
그들이 만들어낸 제도도 얼마든지 없앨 수 있습니다.

사우스엔드_ 지난 20년 동안 좌파가 남긴 의미 있는 업적과 실패는 무엇이라 생각하십니까?

촘스키_ 대중운동의 업적을 말씀하시는 것 같군요. 가장 눈에 띄는 업적이라면 1980년대의 연대운동일 겁니다. 연대운동은 제국주의 역사에서 유례가 없던 현상입니다. 내가 알기로는 그렇습니다. 1960년대의 저항운동보다 훨씬 광범위했고, 미국 주류 사회에도 훨씬 깊이 뿌리내렸으니까요. 미국 중서부의 교회들, 요컨대 상당한 주류층이 중심을 이루었고, 상당한 성과를 거둔 것도 사실입니다.

수천 명의 시민이 공격받는 지역에 직접 찾아갔던 사례도 여지껏 없었습니다. 심지어 그들 중 꽤 많은 사람이 그곳에 정착해 살기로 결정하기도 했습니다. 하얀 얼굴이 국가 테러리즘*을 조금이나마 막을 수 있으리란 바람이 있었던 거지요. 물론, 이런 현상도 전례가 없던 것입니다. 커뮤니케이션망이 구축돼 수백만 국민이 어디에서 무슨 일이 벌어지고 있는지 알게 됐습니다. 주류가 제공하는 정보망에서 해방된 셈이지요. 이런 연대가 수십만 명이 학살되는 걸 막지는 못했지만, 최악의 상황을 막은 것만은 사실입니다. 중앙아메리카에서 그랬고, 남아프리카공화국을 비롯한 여러 나라에서 그 증거를 보지 않았습니까. 실로 의미심장한 성과가 아닐 수 없습니다. 하지만 안타깝게도 연대운동에 대한 논의가 많지 않습니다. 그 운동에 참여한 사람들이 엘리트계급이 아니었고, 그런 연대가 있어서는 안 될 일이었기 때문일 겁니다. 하지만 민중의 연대는 분명히 있었습니다.

지난 25년 동안 사회 전반에 큰 충격을 남겼고 사회를 변화시켜 민중을 교화한 중요한 민중운동들, 예컨대 여성운동, 환경운동 등은 주로 1970년대와 1980년에 발전했습니다. 이런 민중운동은 1960년대의 적극적 행동주의에서 그 뿌리를 찾을 수도 있겠지만, 민중운동 자체는 그 이후에 발전하고 확대됐습니다. 다른 문화에 대한 존중, 억압받는 사람들의 권리 등에서 큰 변화가

• 국가가 정책적으로 활용하는 테러, 혹은 국가가 국제 테러리스트 조직을 재정적으로 후원하는 것.

있었습니다. 정말 의미 있는 변화가 아닐 수 없습니다. 지금의 미국과 35년 전의 미국을 비교해보면 엄청난 변화를 확인할 수 있습니다. 변화가 이제 국민들의 의식에 깊이 뿌리내렸습니다.

이런 증거 중 하나가 수백 년의 미국 역사에서 처음으로 원주민에게 가한 폭력을 인정한 사건입니다. 1960년대만 하더라도 이 문제는 거의 거론되지 않았습니다. 말이 나온 김에 계속해볼까요? 자유주의자를 자처하던 저자들이 1970년 안팎에 쓴 외교사 교과서를 보면, 미국 독립전쟁 이후로 식민지 개척자들은 다음 일에 착수했습니다. 구체적으로 말하면, "나무와 인디언들을 쓰러뜨리고 그들의 자연 경계선을 넓혀 나갔습니다". 이런 만행에 대해 누구도 눈 하나 깜박이지 않았습니다. 피쿼트족을 대량으로 학살한 사건을 상당히 상세하게 기록하면서도 학살자들을 찬양하는 교과서도 있었습니다. 전문직에 종사하는 진보적인 중상류층이 대다수인 도시에서 살았던 내 아이들이 그 교과서를 사용했기 때문에 내가 잘 압니다. 국가가 자행한 테러의 범위가 축소되거나 부인됐습니다. 그런데 1970년대에 들어서면서 대중이 이 모든 것에 관심을 갖기 시작했고, 결국 교수들도 그런 흐름에 동참했습니다. 물론, 이제와서 이런 법석을 피운다고 희생자들에게 큰 도움이 되지는 않습니다. 그러나 미국 사회의 원죄를 처음으로 인정했다는 데 의의가 있습니다.

그러나 퇴보한 것도 있습니다. 1960년대의 적극적 행동주의는 엘리트계급에게 큰 두려움을 안겨주었습니다. 무관심하고 소극적으로 행동해야 할 국민들이 대거 공공의 장에 뛰어들어, 그들의 요구를 관철하려고 압력을 가했으니까요. 자유주의적 엘리트들liberal elite에게는 그야말로 '민주주의의 위기'로 비쳤을 겁니다.

따라서 이런 '위기'를 극복하려는 대대적인 시도가 뒤따랐습니다. 중고등학교와 대학교, 교회 등 '젊은이의 교화'를 책임진 기관들은 사상을 주입하는 훈육 기관으로 되돌아갔고, 미디어는 1960년대 말에야 겨우 얻은 약간의 독립성조차 허용되지 않은 채 정부의 발표를 그대로 옮기는 앵무새로 전락했습니다.

1970년대에 미국과 영국을 비롯한 강대국들이 금융자본의 규제에 바탕을 둔 전후 경제체제를 약화시키는 결정을 내리면서 이런 퇴보가 시작됐다고 말할 수 있습니다. 적어도 50년 전부터, 아니 그 이전부터, 자본의 자유로운 이동은 민주주의의 기능과 사회 개혁을 저해하는 강력한 무기가 될 거라는 주장이 있었습니다. 예컨대 어떤 국가가 경제를 활성화하려 하거나 가난한 사람들을 돕는 정책을 도입하려 하면 자본이 대거 그 나라에서 빠져나갈 수 있습니다. 실제로도 그 규모가 엄청나서, 제3세계 국가들은 더욱 황폐해졌고 미국처럼 부유한 국가들은 일부 국제경제학자들의 표현대로 '가상의 상원virtual senate'에 의해 지배를 받고 있습니다. 가상의 상원이란 다른 게 아닙니다. 공공정책을 좌지우지할 수 있는 대기업들과 투자자들의 모임에 불과합니다.

사우스_ 선생님은 진보주의자들이 과거에는 연대운동을 통해 그런 장벽을 허물어뜨릴 수 있었지만 지금은 그렇지 못하다고 생각하십니다. 그렇게 생각하시는 이유가 무엇입니까?

촘스키_ 많은 문제가 있습니다. 중앙아메리카에서 캄페시노campesino(농부, 농장 노동자)에 대한 테러 공격을 막으려는 노력과, 국가 자본주의 사회에서 중앙 기관들을 공격하는 행위는 완전히 다릅니다. 민간 금융기관과 산업체는 법적으로 국민에게 어떤 책임도 지지 않는 민간 독재자라 할 수 있습니다. 이런 문제들을 진지하게 분석하다 보면 권력의 핵심을 마주하게 됩니다. 중앙아메리카에서 국가 테러리즘은 국내 권력의 지엽적인 부분에 불과합니다.

사우스_ 이런 상황에서 좌파는 어떻게 행동해야 합니까?

촘스키_ 전통적인 방법으로요. 하지만 새로운 쟁점에 정면으로 대응할 수 있어야 합니다. 구체적으로 MAI*을 예로 들어보지요. MAI는 1995년 5월부터 부유한 나라들, 즉 경제협력개발기구OECD가 비밀리에 협상해온 국제 협약입니다. 그들의 바람대로 비밀리에 협상이 진행되면 1998년 4월에 체결될 예정입니다. 그들이 거의 3년 동안이나 비밀을 유지할 수 있었던 것은 미국 '자유 언론'의 눈부신 협조 덕분입니다. 물론 기업계는 이 협상을 처음부터 알고 있었고, 미디어계의 지도자들도 훤히 알고 있었습니다. 그들도 이 협상에 깊이 연루됐다는 뜻이지요. 일부 행동주의 단체의 노력을 제외하고는 미국에서 그 기밀은 드러나지 않았습니다. 국회조차도 그런 협상이 진행되는 줄 까맣게 몰랐다고 주장합니다. 실제로 대부분의 의원이 몰랐을 겁니다.

MAI 협상이 비밀에 부쳐진 이유는, 이 협상에 대해 들으면 대중이 조금도 달가워하지 않을 뿐 아니라 분개하리라는 걸 알았기 때문입니다. 행동주의자들이 개입할 수밖에 없었고, 캐나다에서도 많은 행동주의자가 참여한 하나의 쟁점 때문에 MAI가 만천하에 폭로된 겁니다.

나는 행동주의자들을 지지하지만 그들에게 비판적인 말을 한마디 덧붙이고 싶습니다. MAI는 기업에게 지나친 권리를 부여한다는 이유로 비난받고 있습니다. 이런 비난은 당연한 것이고

- Multilateral Agreement on Investment, 다자간투자협정. 강력한 저항에 부딪혀 1998년 12월 폐기되었다.

맞는 말입니다. 하지만 그 전에, 기업도 어쨌거나 어떤 권리를 지녀야 한다고 전제한 비난이라는 데 더 큰 문제가 있습니다. 기업이 권리를 가져야 할 이유가 어디에 있습니까? 한 세기 전, 미국의 보수주의자들, 지금은 존재하지 않지만 당시에는 틀림없이 존재했던 진정한 보수주의자들은 미국의 기업화를 극렬하게 공격했습니다. 미국의 기업화가 시장에 대한 공격이었고, 또 자연권 원칙, 즉 인간의 권리를 뿌리째 흔드는 공격이었기 때문에 그처럼 극렬하게 반대했던 겁니다. 미국의 기업화는 자신을 알리는 자유, 수색과 구금으로부터의 자유 등 미국 헌법에 보장된 인간의 권리를 이런 집산주의적 기관들에게 부여했습니다. 보수주의자들은 미국의 기업화를 공산주의의 한 형태로 규정했습니다. 엄격히 말하면, 그들이 틀린 것은 아닙니다. 미국을 비롯한 산업국가들에서 진행된 국가의 기업화는 지적인 출발점에서, 볼셰비즘이나 파시즘으로 발전한 국가의 기업화와 비슷했습니다.

 국민에게 아무런 책임도 지지 않는 민간 기업에게 의사결정권을 양도하는 걸 인정해야 할 이유가 어디에 있습니까? 거대한 민간 기업은 국가를 지배하지만 결국은 국가에 크게 의존하는 조직에 불과합니다. 비용과 위험을 사회에 떠넘기고, 막대한 보조금 혜택을 누리며, 인터넷이란 대표적인 예에서 볼 수 있듯이 혁신과 산업개발이라는 명목으로 공공 비용을 사용하는 민간 기업에게 권리를 양도해야 할 이유가 어디에 있습니까?

사우스_ 지금까지 1970년대와 1980년대에 대해 말씀해주셨습니다. 지난 10년, 요컨대 1980년대 말과 1990년대에 대해서는 어떻게 생각하십니까?

촘스키_ 한마디로 복잡한 시대였습니다. 무엇보다 국민의 상당수가 중대한 위협을 받은 시기였습니다. 물론, 미국의 빈곤은 중앙아메리카의 빈곤과 다릅니다. 하지만 국민의 과반수, 어쩌면 3분의 2 정도의 실질 임금이 정체하거나 감소했습니다. 대외적인 주장과 달리, 괄목할 만한 경제성장이 있었던 것도 아닙니다. 엄격하게 말하면, 미국의 전후 역사에서 불경기로부터 가장 느리게 회복된 시기였고, 1인당 성장률이 다른 부유한 산업국가의 평균에 불과했습니다. 그런데도 현실을 왜곡하는 기사가 신문을 도배하고 있습니다. 극소수의 국민만이 극도로 부자가 됐습니다. 대부분의 국민은 정체 상태를 벗어나지 못했거나, 오히려 삶의 질이 떨어졌습니다.

여론조사 결과를 보면 무척 흥미롭습니다. 국민들이 아예 기대치를 떨어뜨렸다고 하니까요. 어떻게든 그럭저럭 살아 나가는 것이 그들이 원하는 전부입니다. 이와 같은 상황에서, 예컨대 두 사람이 최악의 임금을 받으며 최악의 근무 조건에서 장시간을 일해야 한 가족의 밥벌이를 할 수 있다면 다른 데 눈 돌릴 틈이 없을 겁니다. 게다가 거대한 프로파간다 시스템이 그들을 공격하며 세뇌합니다. 가족을 먹여 살리는 데 여념이 없는 사람들을 이런 식으로 세뇌시키는 건 그다지 어렵지 않습니다. 따라서 국민의 대다수가 행동주의에 참여할 여력을 상실하고 말았습니다.

엘리트계급에게도 똑같은 방법을 적용해 똑같은 결과를 얻어냈습니다. 가령 당신이 엘리트 대학에 진학한다면, 미국에 제3세계 구조를 덧씌우려는 국가 정책으로부터 적어도 물질적으로 막대한 혜택을 얻어내는 소수 집단에 어렵지 않게 진입할 수 있습니다. 그런 혜택은 거부하기 힘든 유혹이지요. 따라서 1960년대에 행동주의의 본산이었던 유수한 대학들과 많은 기관들이 행동주의에 참여할 가능성이 크게 줄어들었습니다.

노동운동도 크게 위축됐습니다. 앨런 그린스펀Alan Greenspan이나 클린턴 행정부의 행태에서 그 사실을 확인할 수 있습니다. 그들은 노동자들을 겁먹게 했다는 사실만으로도 크게 자부심을 느끼는 듯합니다. 그린스펀은 '노동자의 불안정'이 '경제의 건전성'을 회복하는 데 크게 기여했다고 말할 정도이니까요. 이제 노동자들은 임금 인상을 요구하지 않습니다. 어떤 이데올로기적 관점에서 보면, 이런 현상은 경제에 바람직한 현상입니다. 지배계급은 이런 현상을 대단한 성과라고 노골적으로 자화자찬합니다. 경제성장을 이루었으니 부족하기는 하지만 그 결실을 분배하자는 노동자들의 압력이 거의 없다시피 합니다. 덕분에 인플레이션은 억제되고 이익은 증가하니, 부자들은 더할 나위 없이 좋을 겁니다. 국가와 기업이 강요하는 조건에 노동자들이 겁먹고 있다는 건 부인할 수 없는 사실입니다.

1991년부터 1995년까지 계속된 캐터필러Caterpillar 파업을 예로 들어볼까요? 회사 측이 압승을 거두면서 노동운동에 직격탄을 날렸습니다. 대체 노동자를 이용해 거둔 승리였습니다. 이를 이유로 국제노동기구International Labour Organization, ILO는 미국을 비난했습니다. 아마 미국은 국제노동기구의 비난을 받은 유일한 산업국가일 겁니다.

또 회사가 생산 기지를 해외로 이전한 것도 파업에 승리한 이유 중 하나입니다. 캐터필러는 다른 기업들과 마찬가지로 이전부터 거둬들인 막대한 이익을 활용해서 해외에 대단위 설비를 갖추었습니다. 노동운동은 현실적으로 국제화되기 힘들기 때문에 범세계적인 차원에서 효과적으로 연대하기 힘듭니다. 캐터필러는 이런 해외 설비를 이용해서 국내의 노동자계급을 약화시켰습니다.

게다가 캐터필러와 스테일리Staley(일리노이 디케이터에 소재한 옥

수수 가공 공장으로 1993년부터 1995년까지 공장 폐쇄) 등 많은 기업체의 노동자들은 자신들이 파업하는 이유를 대중에게 정확히 알리기 힘듭니다. 그들은 적절한 수단도 없을뿐더러 자금도 넉넉하지 않습니다. 행동주의 조직도 국민을 동원할 만큼 강력하지 못합니다. 스테일리 노동자들이 지원을 구하기 위해 이곳 보스턴까지 왔을 때 우리는 이런 문제점들을 직접 보았습니다. 그들을 지원하겠다고 나선 사람들은 참담할 정도로 적었습니다. 이 모든 것에서 적극적인 행동주의가 일어날 가능성은 줄어듭니다.

그러나 노동운동은 끝나지 않았습니다. 전에는 상황이 훨씬 더 나빴습니다. 1920년대의 상황은 그야말로 극악했습니다. 노동운동이 거의 멸종된 것처럼 보였습니다. 하지만 수년 후에 노동자가 온 나라에서 일어나 공장들을 접수하기 직전까지 갔습니다. 이런 일이 다시 일어나지 못할 이유는 없습니다. 역사를 보더라도 노동운동은 흥망을 거듭했으니까요.

또한 시간적으로 보면 지금이 일종의 상승기입니다. 뒷걸음질치기는 했지만 상황이 예전보다는 낫습니다. 예컨대 당연한 일이기는 하지만, 국민 대다수가 혜택받는 최소한의 의료 보험을 지키기 위한 투쟁이 지금 벌어지고 있습니다. 1950년대에는 이런 투쟁이 없었습니다. 메디케어가 없었으니까요. 사회보장 제도를 지키기 위한 투쟁도 있습니다. 제한적이기는 하지만 중요한 의미가 있는 투쟁입니다. 하지만 1930년대까지만 해도 사회보장제도라는 것이 존재하지 않아 그런 투쟁 자체가 없었습니다. 사회보장제도나 의료보험제도는 광범위한 민중 투쟁의 결과로 도입된 것입니다. 따라서 다음 세대의 행동주의는 예전보다 훨씬 높은 차원에서 시작될 수 있을 겁니다.

사우스_ 선생님이 보시기에 어떤 분야에서 대안적 기구가 창설될 것 같습니까?

촘스키_ 전 분야에서 대안적 기구가 창설돼야 합니다. 의료보험에 대한 공격으로 고통받는 국민을 지원하기 위해서는 미디어부터 공동체나 노동자가 관리하는 기업까지 모든 분야가 달라져야 합니다. 복지제도의 개혁이라는 그럴싸한 이름으로 의료보험을 공격하고 있지만, 그런 개혁은 가난한 여성과 아동을 지원하는 시스템을 파괴하겠다는 생각에 불과합니다.

모든 분야에서 자립과 민중운동을 위한 대안적 기구가 창설돼야 합니다. 그 기구들이 서로 긴밀하게 연락하면서 압력을 가해야 합니다. 또한 현재의 흐름을 뒤바꾸기 위해서라도 정치의 장에 뛰어들어야 합니다. 의회 제도의 틀 안에서 동원 가능한 모든 수단을 활용해 문제의 근원을 도려내야 합니다. 임시방편으로 끝내서는 안 됩니다.

사우스_ 다음 세대가 진보적인 대의를 받아들이는 태도에서 선생님 세대와 어떤 차이를 보인다고 생각하시는지요.

촘스키_ '세대generation'란 말은 미디어 용어입니다. 행동주의자, 조직운동가는 언제나 있습니다. 사회적 쟁점에 관심을 갖고 염려하는 사람들은 예나 지금이나 있고, 어쩌면 국민의 압도적 다수가 그런 사람일 겁니다. 그들은 개인적인 상황에 따라, 조직의 능력에 따라 적합한 일들을 해결하려 애쓰고 있습니다. 이런 현상들을 세대라는 용어로 뭉뚱그려 말하기는 힘듭니다. 곳곳마다 모두 다르고 무척 복잡하지만 여하튼 그들은 꾸준히 노력하고 있습니다. 물론, 아주 극적이었던 1920년대부터 1930년대처럼 중대한 변화가 있었던 시기도 있습니다. 1950년대부터 1960년대까지의 변화도 극적이었습니다. 1970년대와 1990년대의 민중운동도 극적이었습니다. 하지만 그런 극적인 변화는 언제라도 일어날 수 있습니다.

사우스_ 선생님은 어떻게 정치에 눈을 뜨셨습니까?

촘스키_ 내가 네 살이던 때까지 거슬러 올라가야겠군요. 입에 풀칠하기 위해 자질구레한 것들을 팔려고 우리 집 현관문을 두드리던 사람들을 보면서 정치에 눈을 떴으니까요. 또 어머니와 함께 전차를 타고 어딘가를 가다가 섬유공장 옆을 지나면서, 공장

경영진 편에 선 경찰들이 공장 밖에서 여성 노동자들을 무차별적으로 구타하는 걸 보면서도 정치의식을 갖게 됐습니다. 또 대부분이 노동자계급이었던 내 친척들이 실직하는 걸 보면서도 정치에 눈을 떴습니다. 나는 그런 환경에서 자랐습니다.

사우스_ 이 책에서 인터뷰한 분들 중에는, 좌파로 자처하면서도 노동자계급에 적대적인 사람들이 있다고 말씀하신 분이 적지 않습니다. 물론 그런 좌파 인사들도 표면적으로는 노동자의 이익을 신장하기 위해 노력한다고 말합니다. 선생님은 어떻게 생각하십니까?

촘스키_ 솔직히 말해서, 나는 '좌파'라는 용어 자체가 달갑지 않습니다. 그래서 그 단어를 자주 사용하지 않습니다. 1980년대의 연대운동을 예로 들어볼까요? 그들이 좌파였습니까? 오히려 많은 사람이 근본주의 기독교인들이었습니다. 기독교 지도자들도 있었습니다. 사실 나는 그들과 가까웠습니다. 되도록 그들과 함께 협력해서 일하려고 노력했습니다. 하지만 우리는 많은 점에서 의견이 달랐습니다. 또 살해와 그 밖의 온갖 수단으로 핍박받아 붕괴되기 전까지 실로 막강한 영향력을 행사했던 해방신학은 좌파입니까, 우파입니까? 좌파, 우파라는 용어는 별 의미가 없습니다.

그러나 좌파로 불리는 사람들 중에, 노동운동, 더 크게는 대중운동에 적대적인 사람들이 있기는 합니다. 누구도 부인하기 힘든 사실입니다. 그들을 좌파로 불러야 하는 이유를 나는 모르겠습니다. 여하튼 '좌파'가 평화와 정의와 자유를 위해 헌신하는 사람을 뜻한다면, 또 이런 정의가 옳다면 노동운동에 반대할 좌파는 없을 겁니다.

사우스_ 마이클 무어 Michael Moore는 《네이션 The Nation》의 독자들을 그런 식으로 비판했습니다. 그런 좌파라면 '자유주의적 지식인 liberal intellectual'이란 용어가 더 정확한 것 같습니다.

촘스키_ 마이클 무어가 실명을 거론하지 않아 뭐라고 말하기 어렵습니다. 하지만 당신은 실명까지 거론할 태세군요. 예를 들어, 앤서니 루이스 Anthony Lewis는 자유주의적 지식인입니까? 나는 그렇다고 생각합니다. 루이스는 자유주의적 지식인의 원형이라 할 수 있습니다. 미디어를 포함해 기업들은 국민의 반대에도 북미자유무역협정 NAFTA을 강제로 밀어붙이면서, 노동운동계의 실제 입장이 대외적으로 발표되는 걸 완강히 반대했습니다. 노동계도 분명한 입장이 있었지만, 기업의 압력으로 널리 알려지지 못했습니다. 앤서니 루이스는 '후진적이고 비계몽적인' 노동계와 그들의 '노골적인 협박 전술'을 비난하는 기사를 써댔습니다. 맞습니다, 나는 루이스가 자유주의적 지식인이라고 생각합니다. 어쩌면 마이클 무어도 그렇게 말하고 싶었을 겁니다. 루이스가《네이션》을 읽는다고요.

이런 사람들은 비난의 한계를 정해주는 상당히 유익한 역할도 합니다. '내가 비난하는 수준까지만 너도 비난하면 된다. 그 이상은 안 된다. 나도 좌파라는 걸 알지 않느냐.' 이런 수법은 프로파간다 시스템에서 무척 중요합니다. 그 때문에 그들이 보호받을 수 있으니까요. 앤서니 루이스 같은 사람들은《뉴욕타임스 The New York Times》에서 완벽하게 보호를 받습니다. 예컨대 그들은 노골적으로 거짓말을 하고 정적을 비방할 수 있지만, 정적들에게는 편지로 항변하는 것조차 허용되지 않습니다. 내가 바로 그 증거입니다.

사우스_ 선생님은 많은 진보주의자와 행동주의자에게 영감과 용기를 주시는 분입니다. 이 역할에 대해 어떻게 생각하십니까?

촘스키_ 나는 행동주의자들의 요구에 적극적으로 응답할 뿐입니다. 내가 할 수 있는 모든 것을 쏟아내려고 항상 노력합니다. 스테일리 노동자들이 보스턴에 왔을 때, 그들의 주장을 세상에 알리는 것을 도와달라는 요청을 받았습니다. 물론, 나는 기꺼이 그 요청을 승낙했습니다. 사실, 내가 할 수 있는 일은 그 정도에 불과합니다. 지금까지 내가 《지 매거진Z Magazine》에 쓴 글이나, 사우스엔드프레스에서 낸 책을 보면 알겠지만, 대부분의 글이 그런 연설과 만남을 바탕으로 한 것입니다.

하지만 나는 기생생물 같은 존재입니다. 말하자면, 나는 다른 사람들의 적극적인 실천에 기생해서 살아간다는 뜻입니다. 그래도 즐겁습니다. 그렇게 해서라도 내가 도움을 줄 수 있다면 다행입니다. 그러나 진정한 일을 하는 사람들은 다른 곳에 있습니다. 그들은 모임을 조직하고 행동으로 실천하는 사람들입니다. 영감을 주는 사람이 있다면, 그 역할은 당연히 그들의 몫이 돼야 합니다.

사우스_ 선생님은 어떤 진보적 목표가 가까운 장래에 성취될 거라고 생각하십니까?

촘스키_ 글쎄요, 지금 당장은 현상을 유지하면서 가난한 사람과 노동자에 대한 더 큰 공격을 막고, 건강보험 같은 최소한의 권리를 지키며, 우리 아이들을 배불리 먹이는 것이 중요하다고 생각합니다. 또 민주주의와 자유를 무자비하게 공격하는 자유무역협정FTA 같은 것을 막아야 합니다. 자유무역협정은 이름만 자유무역일 뿐, 진정한 자유무역과는 아무런 관계도 없습니다. 의사결정권을 민간 기업, 곧 민간인 폭군, 그리고 기업과 결탁한 정부에 넘겨주려는 술책에 불과합니다. 우리가 당면한 가장 화급한 과제는 이런 문제들에 맞서 싸우는 겁니다. 그리고 이것은 불합리한 제도라는 문제의 핵심에 다가가기 위한 한 걸음에 불과합니다. 우리가 할 수 있는 일에는 한계가 없습니다.

지배계급은 우리에게 무력감을 안겨주려고 온갖 노력을 다합니다. 중력의 법칙처럼, 세상을 뜻대로 끌어갈 수 있는 신비로운 경제 법칙이 존재한다는 듯이 말합니다. 터무니없는 수작에 불과합니다. 그들이 만들어낸 것들은 인간이 만든 제도, 따라서 인간의 의지에 따라 존폐가 결정되는 제도일 뿐입니다. 역사적으로 독재적인 제도는 언제나 사라졌듯이 그들이 만들어낸 제도도 얼마든지 없앨 수 있습니다.

사우스_ 진보적 쟁점에 동조하지 않는 사람들과 진보주의자들이 공통분모를 찾아낼 수 있는 쟁점이 있다고 생각하십니까?

촘스키_ 내가 언급한 모든 문제에서 공통분모를 찾아낼 수 있습니다. 여론조사를 보면, 아주 흥미로운 사실을 확인할 수 있습니다. 여론조사 결과는 국민이 '복지정책'을 반대한다고 이야기하지만, 똑같은 조사에서 대다수의 국민이 가난한 여자와 어린이처럼 곤경에 처한 사람들을 도와야 한다고 생각하는 걸 확인할 수 있습니다. 곤경에 처한 가난한 사람을 도와야 한다고 말하는 사람들이 복지정책을 반대하는 이유가 뭐겠습니까? 프로파간다 시스템을 동원해서, 부유한 여자, 그것도 흑인이 관청에 캐딜락을 타고 가서 다른 사람들이 힘들게 번 돈을 빼앗아가는 게 복지정책이란 생각을 암암리에 국민의 머릿속에 심어놓았기 때문입니다. 정말 그런 게 복지정책이라면 나도 앞장서서 반대할 겁니다.

대부분의 국민은 기본적으로 사회민주주의적 마음가짐을 지니지만, 공공의 혜택을 누리지 못합니다. 그들이 어떤 형태로든 명확한 혜택을 하나라도 누린다면 더 많은 것을 원하게 될 겁니다. 나는 레이건에게 넘어가 보수주의로 돌아선 노동자 민주당원들과 대화하면서, 그들 모두가 사장과 경영진을 몰아내고 공장을 접수하고 싶어 한다는 걸 눈치채는 데 5분이 걸리지 않았습니다. 당연한 결과입니다. 그럼, 어디서부터 시작해야 할까요? 어디에서나 가능합니다!

우르바시 바이드

희생양을 생산하는 사회

Urvashi Vaid

우르바시 바이드(1958~)는 변호사로 일하면서 거의 25년 동안 게이, 레즈비언, 양성애자, 트랜스젠더LGBT의 인권을 위해 투쟁해온 운동가이다. 뉴델리에서 태어나 여덟 살 때 가족과 함께 미국으로 이민 온 바이드는 11살에 반反베트남전 운동에 참여했다. 바서 대학교에서 공부하며 다양한 정치·사회적 활동을 벌였고, 1983년 보스턴의 노스이스턴 법학전문대학원에서 법학 학위를 받았다. 이곳에서 그녀는 보스턴 레즈비언·게이 정치연합을 만들어 보스턴의 동성애자 공동체를 돕는 데 앞장섰다. 1989년에 '전국 게이 및 레즈비언 특별 위원회National Gay and Lesbian Task Force, NGLTF'의 정책 연구소 소장이 된 이후 사무총장과 홍보담당관 역할을 맡았고, 1997~1998년에는 뉴욕 시립대학교의 레즈비언 및 게이 연구센터에서 록펠러 특별 연구원 장학금을 받았다. 포드 재단Ford Foundation과 아르커스 재단Arcus Foundation 등의 문화 재단에서 일했으며, 2004년부터는 LGBT의 평등을 주장하는 미국의 최대 재단인 길 재단Gill Foundation에서 일했다. 2009년 《아웃 매거진Out Magazine》에서 선정한 '미국에서 가장 영향력 있는 LGBT 50인'에 뽑혔다.

저서로는 1996년 게이 및 레즈비언 부문에서 전미 도서관 협회상을 수상한 《실질적인 평등Virtual Equality》과 《저항 불가능한 혁명Irresistible Revolution》, 《변화 만들기Creating Change》가 있다.

솔직히 사회가 꼭 변해야 하는 걸까 의심이 들 때도 많았습니다.
하지만 지금은 사회변동이 반드시 필요하다고 생각합니다.
우리에게 주는 이익보다 폐해가 더 크고,
압도적 다수를 희생시켜 소수에게만 이익을 안겨주는 체제라면
당연히 바꾸어야 하지 않겠습니까.

데이비드 바사미언_ 1960년대 말과 70년대 초의 사회적 행동주의에 뒤이어 사회운동이 크게 발달했습니다. 그중 하나가 게이와 레즈비언 운동이었습니다. 이 운동의 목표는 무엇입니까?

우르바시 바이드_ 게이와 레즈비언 운동의 목표는 게이, 레즈비언, 양성애자, 트랜스젠더(성전환자)인 사람들의 인권 보장과 완전한 평등입니다. 즉 법적인 차원에서는 공사公私를 막론하고 고용과 주택 및 이 나라의 시민으로서 향유할 수 있어야 하는 모든 권리를 동등하게 쟁취하는 것입니다. 사회·문화적인 차원에서 게이와 레즈비언 운동은 우리도 인간으로서 존중받고, 관계의 적법성을 이해받으며, 우리도 가족을 만들 수 있다고 인정받기 위해 투쟁합니다. 이성애자가 가족을 구성하는 방식과 조금도 다르지 않게 우리 동성애자도 자식과 부모라는 관계를 향유할 수 있어야 합니다. 나는 이렇듯 법의 영역 밖에 있는 쟁점들도 동성애자의 앞날에 무척 중요하다고 생각합니다.

바사미언_ 그런데 게이와 레즈비언에게 위협받는다고 느끼는 사람들이 적지 않은 이유는 뭐라고 생각하십니까?

바이드_ 그들이 위협받는다고 느끼는 이유는 많습니다. 첫째로는 낯설기 때문일 겁니다. 게이와 레즈비언 공동체는 미국에서 비교적 최근에야 눈에 띄기 시작했습니다. 대부분의 미국인에게 우리는 신기한 사람들입니다. 우리도 누군가의 아들이고 딸이란 걸 대부분의 사람이 이해하지 못합니다. 가족 중에 동성애자인 형제나 자매, 삼촌이나 숙모, 조카나 사촌이 없을 테니까요. 그래서 그들은 우리를 '타자他者'로 봅니다. 하지만 우리는 엄연히 이 나라를 구성하는 일원입니다.

사람들이 우리를 불편하게 생각하는 또 다른 이유는 잘못된 정보 때문입니다. 우리를 혐오하는 세력들이 거짓 정보를 퍼뜨리는 겁니다. 대부분이 극우 집단이거나 지극히 보수적인 우파 세력이지만, 때로는 중도적인 사람까지 게이와 레즈비언의 평등권을 반대합니다. 그들의 반대는 게이와 레즈비언에 대한 근본적 오해에서 비롯된 겁니다. 우리도 인간입니다. 우리는 악마가 아닙니다. 우리는 무지한 존재가 아닙니다. 비정상적인 존재가 아닙니다. 우리는 지극히 평범한 사람들입니다. 좋은 사람도 있고 나쁜 사람도 있습니다. 훌륭한 일을 하는 사람도 있고, 남달리 뛰어난 사람, 재주 많은 작가와 예술가도 있습니다. 힘들게 일하는 기계공도 있습니다. 우리는 다양한 존재들입니다.

우리의 적들이 퍼뜨린 거짓 정보 때문에 우리는 큰 피해를 입고 있습니다. 미국 유권자 중 불안정한 중산층, 또 차별은 반대하면서도 동성애자가 가족을 꾸리거나 결혼할 권리를 갖는 것에는 찬성하지 않는 30~40퍼센트의 국민이 이런 잘못된 정보에 현혹되었기 때문입니다. 따라서 우리가 가족 앞에서 또 직장에서 동성애자임을 공개함으로써, 이성애자들에게 우리가 누구이고 우리가 무엇을 바라는지 진실되게 밝힘으로써 그런 거짓 정보를 바로잡아야 한다고 생각합니다. 그렇게 하면 이성애자들이 느끼는 두려움과 불안을 많이 떨쳐낼 수 있으리라 믿습니다.

바시미언_ 아마 기독교연합이 지금 정치 무대에서 활동하는 많은 정치화된 종교 집단 중에서 가장 활발한 조직일 겁니다. 그들은 게이와 레즈비언을 비정상이라고 생각하며, 그런 생각을 자신들의 공동체만이 아니라 전국의 공화당원에게도 심어줍니다.
바이드_ 기독교연합이나, 팻 뷰캐넌Pat Buchanan 같은 그 단체의 대변자들이 퍼뜨리는 가장 악의적인 발언은, 게이와 레즈비언을 인정하면 서구 문명이 몰락할 거라는 것입니다. 뷰캐넌은 연설할 때마다 이런 거짓말을 늘어놓으며, 동성애를 인정한 사회는 한결같이 멸망했다고 주장합니다. 비논리적이고 반反역사적이며 얼토당토않은 주장이지만 파급력은 대단합니다. 사람들이 정말일 거라고 믿어버리니까요. 누구든지 역사적 사실을 그런 식으로 말할 수 있습니다. 예컨대 '노예제도를 실시한 사회는 하나도 살아남지 못했다!'라고 말했다 칩시다. 노예제도는 고대 로마와 그리스에서 실시됐습니다. 그럼 노예제도 때문에 고대 로마가 멸망한 겁니까? 이런 예는 얼마든지 들 수 있습니다.

어떤 의미에서, 민주주의와 참여의 중요성을 믿는 민주주의자로서 나는 모든 사람이 자신에게 영향을 미치는 쟁점에 적극적으로 개입하며 결집하는 건 좋은 현상이라 생각합니다. 다만, 그들에게 게이와 레즈비언에 대한 잘못된 정보가 전달되고 있다는 게 문제입니다. 기독교연합이 구성원들에게 전하는 정보는 완전히 잘못된 것입니다. 그러면서도 기독교는 "죄는 미워해도 죄인은 사랑하라"고 가르칩니다. 얼마나 모순된 모습입니까! 성적 취향을 이성애자의 삶에서 배제할 수 없듯이, 우리에게도 성적 취향은 삶의 일부입니다. 게이와 레즈비언은 동성을 사랑할 뿐입니다. 인간과 성적 성향을 분리할 수는 없다고 생각합니다. 그렇게 하려는 것은 비합리적인 짓입니다.

기독교계가 동성애자를 악마로 만드는 데 쏟는 에너지를 우리 사회에서 정말로 심각한 문제, 동성애와는 아무런 관계도 없는 그런 문제를 해결하는 데 쏟는다면 훨씬 생산적일 것입니다. 동성애자는 범죄의 근원이 아닙니다. 우리는 가난의 원인이 아닙니다. 우리는 문맹률을 높이는 원인이 아닙니다. 우리는 미국 가정을 붕괴시키는 원흉도 아닙니다. 경제체제야말로 그러한 쇠락의 근원입니다.

그러나 그들은 손쉽게 우리를 희생양으로 선택했습니다. 우리는 동성애자와 이민자, 사회복지기금을 받는 미혼모, 유색인과 가난한 사람을 희생양으로 삼는 시대에 살고 있습니다. 이런 희생양들이 요즘 들어 증가하는 이유는 잘못을 전가하는 것이 훌륭한 속임수로 작용하기 때문입니다. 사람들은 이러한 이유로 대기업을 공격하는 대신 정부를 공격합니다. 대기업이 바로 사람들이 일자리를 잃는 이유이지만, 사람들은 마치 정부의 관료주의 때문에 일자리를 잃은 것처럼 행동합니다.

바시미언_ 일부이지만 정치적 담론에서도 동성애에 적대감을 드러낼 뿐 아니라, 여성의 역할을 가정주부, 엄마, 문화의 보호자로 규정하는 경향이 있습니다. 특히 후자는 루이스 패러칸Louis

Farrakhan과 이슬람 국가운동 Nation of Islam*에서 두드러집니다. 요컨대 기독교연합에만 국한된 현상이 아닙니다.

바이드_ 현재 공공의 장에서 진행되는 투쟁의 중심에는 젠더와, 여성과 남성의 역할에 대한 다양한 관점들이 있습니다. 페미니스트는 여성이란 존재와 남성이란 존재가 뜻하는 바가 조작된 것임을 세상에 널리 알리는 데 큰 역할을 해냈습니다. 인위적인 구분이라는 거지요. 이런 인위적 조작은 역사에서 시간이 지나면 변하기 마련입니다. 어떤 시대에는 여성에게 적합한 것이라 여겨지던 것이 다른 시대로 넘어가면 느닷없이 부적절한 것으로 돌변하기도 하니까요.

어떤 사람들은 남녀의 구분이 인위적이라는 전제를 반박합니다. 이 사람들은 젠더가 생물학적인 것이라고 말합니다. 누구나 여자가 아니면 남자입니다. 여성이라는 것이 무엇을 뜻하고, 남성이라는 것이 무엇을 뜻하는지 모르는 사람은 없습니다. 분명 이런 관점에는 많은 가정이 뒤따릅니다. 따라서 우리는 미국 사회, 아니 모든 문화에서 여성의 역할, 남성의 역할, 그 역할의 내용, 또 그런 역할 규정이 이성애자의 가족에 미치는 영향, 비非전통적인 가정을 인정할 때 이성애자의 핵가족에 미치는 영향

• 미국의 이슬람 종파의 하나로, 주로 흑인의 인권과 자기 발전을 도모하는 조직.

등에 대해서 제각각 주장합니다.

  우리는 토론하고 논쟁하는 걸 두려워해서는 안 됩니다. 하지만 지금 벌어지는 모습을 보면 안타깝기만 합니다. 페미니즘에 대한 보수 진영의 공격은 맹렬하고 공격적입니다. 어떤 면에서 페미니즘은 보수주의의 해결책이 될 수 있는 이데올로기입니다. 페미니즘은 여성에 관한 것만이 아닙니다. 페미니즘은 우리 사회에서 권력이라는 쟁점에 근본적으로 접근하는 하나의 흐름입니다. 또한 경제구조에 대한 비판이기도 합니다.

  나는 어떻게 우리가 보수주의를 극복할 이념을 찾을 수 있을지 생각해보았습니다. 나는 우리가 페미니즘으로 돌아가 평등과 권력과 젠더라는 개념을 진지하게 생각해보고 페미니즘이 현재의 문제를 해결하는 데 도움이 되는지를 왜 따져보지 않는지 궁금합니다. 물론, 보수주의자들은 여전히 목소리가 크고 예전부터 페미니즘을 악으로 규정해왔습니다. 그런데 재밌게도 여성해방운동과 페미니즘은 지난 100년간 우리 삶에 크나큰 가치를 부여했습니다. 여성해방운동과 페미니즘은 여성의 위상을 극적으로 바꿔놓았을 뿐 아니라 남성의 삶까지 현저히 바꿔놓았습니다. 이제는 남자들이 아이를 키우며, 남자들을 옭아매온 남자다워야 한다는 인습을 스스로 거부할 가능성이 커졌습니다. 페미니스트들이 가족 자체를 크게 바꿔놓은 것입니다.

바사미언_ 백인 남성이 특혜를 받는다는 주장도 매우 민감한 부분입니다. 이에 대해 백인 남성에게 뭐라고 말해주고 싶으십니까? 그들이 젠더와 피부색 덕분에 너무나 당연하다는 듯이 혜택을 누려왔다는 사실을 그들에게 어떻게 이해시키시겠습니까?

바이드_ 백인 남성에게 내가 설득력 있게 말할 수 있을지 모르겠습니다. 내가 만나는 많은 남자들과 나 사이에는 장막이 드리워져 있는 듯하니까요. 물론, 내가 친 장막은 아닙니다.

바사미언_ 선생님이 유색인 여성이기 때문인가요?

바이드_ 그렇습니다. 그런 거리감이 인종차별과 성차별에서 가장 안타까운 부분이기도 합니다. 우리는 그 장막을 사이에 두고 서로를 보니까요. 많은 경우, 심지어 내가 인종이나 젠더와 아무런 관계가 없는 것을 말할 때에도 백인 남성은 내가 유색인 여자라는 이유로 인종이나 젠더와 관련된 말을 했을 거라고 착각하는 거지요. 내가 백인 남성을 볼 때 가장 먼저 보는 것은 피부색이나 젠더가 아닙니다. 그가 어떤 정치적 이데올로기를 가졌는지부터 알려고 합니다. 보수적인 사람인지, 진보적인 사람인지, 급진적인 사람인지, 중도적인 사람인지, 그런 걸 먼저 알아보려고 합니다. 혹은 버릇이나 따뜻함, 하여간 눈에 보이지 않는 인간미를 살펴보기도 합니다. 내가 진솔한 대화를 나눌 수 있는 사람인가? 겁을 줘서 쫓아버려야 하는가? 세상 물정을 모르는 순진한 사람은 아닌가? 그 밖에도 알아야 할 것이 많습니다.

하지만 백인 남성들이 유색인들의 저항운동과 성차별에 저항하는 운동에 줄곧 반발해왔다는 점에서 당신의 질문은 무척 중요합니다. 진보적인 사람에게는 이런 문제를 직접적으로 거론해도 상관없겠지만, 사람들을 괴롭히거나 손가락질할 필요는 없다는 게 내 생각입니다. 그래서 나는 '당신은 당신의 정체성을 지키고 나는 내 정체성을 지키면서 사회정의에 필요한 정책을 공유할 수 있지 않을까요?' 하는 식으로 접근합니다. 대화를 나눌 만한 시간이 있다면 상대는 대부분 '좋습니다. 우리는 사회정의를 위해 정책을 공유할 수 있을 겁니다'라고 대답합니다.

나는 유색인만이 인종차별에 반대한다고 생각하지는 않습니다. 이와 마찬가지로, 동성애자만이 동성애 혐오증을 반대한다고도 생각하지 않습니다. 또 여자여야 성차별을 이해하고 양성평등을 주장한다고도 생각하지 않습니다. 어떤 집단에 속해야만 그에 관련된 쟁점을 거론할 수 있다는 생각을 떨쳐내야 합니다. 나는 결코 그렇게 생각하지 않습니다.

내 생각에, 정체성에 기반을 둔 조직이 실패하는 이유 중 하나는 공통된 정책 개발을 등한시하기 때문입니다. 우리는 정책보다 정체성에 초점을 맞추었습니다. 물론 나도 정체성을 중요하게 생각합니다. 기회가 있을 때마다 말했지만 나는 지금의 나, 즉 레즈비언이고, 나의 이런 정체성을 소중하게 생각합니다. 앞으로도 어디에 있든 나는 레즈비언으로서 세상과 쟁점에 대한 내 생각을 가감 없이 말할 것입니다. 하지만 나는 교외에 사는 이성애자 어머니들과 연대하며 공통분모를 찾아갈 수 있으리라 믿습니다. 또 대기업에서 일하는 이성애자 백인 남성과 손잡고 일하면서 공통분모를 찾아낼 수 있으리라 믿습니다. 나는 정말로 그렇게 믿습니다. 그렇지 않았다면 나는 지금보다 훨씬 냉소적인 사람이 됐을 것이고, 우리가 함께 살아갈 수 없는 이유에 대해 형편없는 책까지 썼을지도 모릅니다.

많은 사람이 진심으로 동의하는, 그리고 우리가 공공정책으로 분명히 표명하고 정책적으로 밀어붙여야 할 진보적인 제도가 있으리라고 나는 굳게 믿습니다. 많은 사람이 무상교육이 됐든 건강보험이 됐든 우리가 이 사회에서 누리는 풍요가 어떤 식으로든 모든 사람에게 골고루 분배돼야 한다고 생각합니다. 사람들은 진실로 그렇게 믿습니다. 가난한 사람들에게 등을 돌리고 사회적 문제를 외면해야 한다고 생각하는 사람보다 훨씬 많은 사람들이 그렇게 믿습니다. '나는 내 것을 챙길 뿐, 다른 사람은 잊을 거야!'라고 말하는 사람도 있지만, 나는 그들이 진심으로 그렇게 생각한다고는 믿지 않습니다. 이런 점에서 나는 인정

많은 진보주의자라고 생각합니다.

바사미언_ 정체성 정치가 화합을 통한 결속을 이루지 못하고 분열과 경쟁을 조장한다는 이유로 비판의 도마에 올랐습니다. 선생님은 정체성 정치에 대해 어떻게 생각하십니까?

바이드_ 정체성 정치를 비판하는 사람이 많습니다. 좌파와 우파만이 아니라, 심지어 정체성에 기반을 둔 조직도 정체성 정치를 비판하는 실정입니다. 하지만 정체성 정치가 조직을 분열시키는 원인이라고는 생각하지 않습니다. 행동의 부족이 우리에게 무력감을 안겨준 원인입니다.

예컨대 게이와 레즈비언 공동체에도 오래전부터 큰 논란거리가 있습니다. 우리는 하나의 쟁점에만 매달리는 공동체인가? 우리는 다른 쟁점에도 관심을 갖는가? 넓은 의미에서 우리는 동성애자 권리를 보장받기 위한 소식이라기보다 인권운동 조직인가? 이런 질문을 앞에 두고 우리 안에서도 커다란 의견 차이가 있습니다. 진보적인 동성애자들은 게이와 레즈비언의 평등권 획득을 주된 목표로 삼아 투쟁하면서도 다양한 쟁점을 다루어야 한다고 주장합니다. 우리가 평등한 권리를 획득하기 위해서 이루어야 할 변화가 인종차별과 성차별 및 경제 정의에 관련된 쟁점들과 밀접한 관계가 있다는 걸 알아야 한다는 겁니다. 반면에 '밀접한 관계는 없다. 우리는 동성애자의 권리를 먼저 획득해야 해. 우리 자신의 문제에 집중해야 한다고. 그렇게 하기만 하면 돼!'라고 말하는 동성애자들도 있습니다. 그들은 실리적이고 이데올로기적인 이유에서 그렇게 믿습니다. 공동체를 기반으로 한 조직에서는 이런 식의 논란이 있기 마련입니다.

좌파가 '우리는 공동체를 넘어서 결집해야 한다'라고 말하는 소리를 들을 때마다, 나는 공동체를 기반으로 한 조직 내에서도 진지한 토론이 끊임없이 오간다는 걸 그들이 알아주기를 바랍니다. 때때로 좌파가 그렇게 말하는 소리를 들으면, '우리는 보편적인 정책을 추진해야만 한다'라고 말하는 우파의 목소리를 듣는 기분이 들기도 합니다. 우파는 이렇게 말하면서 모든 것을 가부장적인 백인 남성의 낡은 기준에 따라 결정합니다. 우리가 그런 과거로 되돌아갈 수는 없잖습니까.

우리는 새로운 방식으로 화합해야 합니다. 백인 남성, 유색인 여성, 동성애자, 국적이 다른 유색인으로서 스스로에 대해 알고 있는 것을 서로 인정해야 합니다. 그런 새로운 방식으로 다시 화합할 수 있습니다. 그렇게 할 수 있을 만큼 우리가 성숙했고 그렇게 할 수 있다는 자신감이 우리에게 있다고 믿기 때문입니다. 30년 전에는 게이와 레즈비언이라는 정체성이 없었지만 지금은 있습니다. 30년 전 모두가 참여하는 운동 common movement의

의미는 지금과는 무척 달랐을 겁니다.

한 페미니스트 평론가는 정체성 정치가 '필요한 실수'였다고 말합니다. 곱씹어봐야 할 말이라고 생각합니다. 우리에게 인종이라는 정체성과 서로 다른 문화를 이해하는 폭을 넓힐 필요가 있기 때문입니다. 그러나 진보적인 사람이 여기서 멈추는 것은 실수입니다. '우리 스스로가 분열을 초래했다'는 의견에 동조했기 때문에 분열이 가속화된 것이 아닐까 생각합니다.

바사미언_ 페미니즘이 좌파의 분열에 기여한 면이 없지 않습니다. 일종의 피해자학victimology*에 따르면 그렇습니다.

바이드_ 나는 그렇게 생각하지 않습니다. 좌파의 실패 원인으로 쉽게 페미니즘을 꼽는 사람들이 있습니다. 여성과 유색인의 등장 이외에도 많은 원인이 있는데 말입니다. 신좌파는 지도자들이 자존심 문제로 전쟁을 벌이는 바람에 갈기리 쪼개졌습니다. 정부가 좌파 조직과 지도부를 조직적으로 파괴한 탓도 있었고요. 또 좌파가 정책을 선거와 관련된 행동주의로 발전시키지 못한 탓도 있습니다. 좌파는 많은 제도를 만들어냈지만 새로운 방식으로 제도화해내지는 못했습니다. 좌파는 스스로를 정치적으

* 피해자가 범죄의 원인이라고 주장하는, 범죄의 피해자에 관한 연구.

로 제도화하는 데 실패했습니다. 내 생각에 실패의 원인은 자본주의를 명쾌하게 비판하지 못했기 때문입니다. 또 구조적으로 제도들을 명확하게 제시하지 못했기 때문입니다.

1960년대에 나는 어린아이였습니다. 나는 신좌파 운동에서 내일을 발견했고, 1960년대와 1970년대 초 그들이 반전운동과 민권운동, 흑인해방운동과 여성해방운동에서 이루어낸 업적을 높이 평가합니다. 나는 나중에야 그 운동에 참여했습니다. 그들과 함께하면서 내가 목격한 것은 분열이었습니다. 분열의 원인이 정체성 개념이 등장했기 때문이라고는 생각하지 않습니다. 시간적으로 봐도 정체성 개념이 등장하기 전부터 좌파는 분열되고 있었습니다. 좌파는 아주 편리하게 '좌파가 분열된 원인? 그거야 여성과 유색인이 자기들 문제로 칭얼대면서 20년을 허송세월했기 때문이지. 우리 좌파는 신경조차 쓰지 않던 문제로 말이야'라고 말하지만 사실은 그렇지 않습니다. 게이와 레즈비언 운동은 거리에서 믿을 수 없을 만큼 활발하게 진행돼왔습니다. 아마 지난 20년 동안 끊임없이 전개된 몇 안 되는 쟁점 중 하나일 겁니다. 여성운동도 마찬가집니다. 낙태, 여성 폭력, 성추행 문제 등을 꾸준히 거론해오지 않았습니까. 이와 관련된 운동을 중심으로 사람들이 모이고 기존 질서에 항의하는 집회가 열렸습니다. 그 덕분에 수많은 사람의 생각이 바뀐 것도 사실이고요. 따라서 이런 운동들을 무시하는 건 잘못입니다. 그래서는 이런 운동들에 참여한 사람들의 에너지와 재능을 활용할 수 없습니다.

힘을 잃어버리며 크게 위협받았던 보수적인 초기 신좌파가 아직 우리 주변에 살아 있습니다. 따라서 여성운동이 남성 지배적인 제도에 가했던 비판들, 흑인해방론자들이 백인 지배적인 제도에 가했던 비판들은 많은 면에서 좌파와 관계가 있습니다. 베이비붐 세대로 이제 막 초로에 접어든 사람들이 아직 좌파의 주축을 이루고 있습니다. 대다수가 똑똑하고 자기 일에 헌신적인 사람들입니다. 나는 그들이 이룬 엄청난 업적을 무시할 생각은 추호도 없습니다. 다만, 자기들만 옳고 다른 모든 사람은 잘못됐다는 말하는 그들의 맹신적인 태도가 불만스러울 뿐입니다. 어떤 위치에 있든 선입견을 버리고 본인이 하는 일에 무엇이 잘못됐는지 냉철하게 살펴봐야 합니다.

《네이션》과 《프로그레시브 The Progressive》 같은 출판물에 실린 평론에서, 또 거의 매일 쏟아져 나오는 신간 서적에서, 우리 모두가 화합해야 한다고 쓴 글을 읽을 날이 하루빨리 오기를 바랍니다. 나는 우리가 다시 화합하고 결집할 수 있다고 믿습니다. 물론 1960년대의 신좌파처럼 결속할 수는 없을 겁니다. 우리는 21세기에 걸맞은 대중적이고 진보적인 운동으로서 결속해야 합니다. 그런 운동 조직은 신좌파와는 무척 다를 겁니다. 물론, 지금처럼 정체성에 기반을 둔 조직과도 무척 다른 모습을 띨 겁니다. 지금은 어떤 기준도 없습니다. 지금은 좌파들끼리 관계도 없습니다. 지금은 새로운 운동을 끌어갈 제도도 없습니다. 하지만 진보주의자들이 그런 제도를 만들어가는 때가 곧 올 거라고 나는 확신합니다. 우리는 새로운 운동을 위해 서로 관계를 맺어갈 겁니다. 정체성을 초월한 모든 진보주의자가 결속해 서로 함께 일하려는 분위기가 실로 오랜만에 조성되고 있는 듯합니다.

바사미연_ 가부장제가 부활하는 듯한 조짐이 있습니다. 먼저, 이런 평가에 선생님도 동의하시는지 알고 싶습니다. 만약 동의하신다면 그 이유는 무엇입니까?

바이드_ 이름은 기억나지 않지만, '여성이 출현할 때마다 남성도 출현한다'고 말한 작가가 있습니다. 말 그대로 옮기지는 못했지만 그런 뜻이었습니다. 무척 흥미로운 표현이지 않습니까. 성차별은 지금도 분명히 존재합니다. 경제체제에서, 우리 가족 구조에서, 또 여성과 남성이 가족 내에서 맡은 역할을 생각하는 방식에서 성차별은 여전히 존재합니다.

가부장제가 부활한 듯하다고 말씀하셨는데, 20대 청년들 사이에서 가부장제가 다시 나타나고 있다고 확신하지는 않습니다. 10대 아이들에게서 가부장제가 되살아나고 있는지도 모르겠습니다. 물론, 정형화된 성차별적인 조짐이 보이기는 합니다. 예컨대 젊은이들이 만든 대중음악에서 성차별적인 모습을 볼 수 있습니다. 하지만 그런 노래 내용에 강력히 반발하는 젊은이도 적지 않습니다. 내 생각에는 세대 차이에 따른 문제점이 나타나고 있는 듯합니다. 60대나 70대인 우리 부모 세대는 남녀의 역할에 대해 분명한 생각을 지닌 분들이지만, 진보적인 생각을 지닌 분이 상당히 많습니다. 문제는 베이비붐 세대에서 나타납니다. 지금의 40, 50대로 결혼과 업무 등에서 개인적으로 젠더 전쟁을 치른 세대입니다. 따라서 특히 남성들 사이에서 여성의 평등에 대한 개인적인 감정이나 저항이 적지 않습니다. 내가 대충 일반화한 면이 있지만, 그렇게 못할 이유도 없지요. 모두가 그렇게 일반화해 말하고 있으니까요. 이 세대의 여성들은 예나 지금이나 개인적으로 고통을 겪고 있습니다.

  이제 내 세대에 대해 말해볼까요?! 내 나이가 지금 서른여덟입니다.* 사람들은 나도 베이비붐 세대라고 말하겠지만, 나는 단호히 아니라고 말하고 싶습니다. 내 세대는 젠더의 역할과 성차별적인 태도를 다른 식으로 이해합니다. 물론 가부장제, 즉 남성 지배적인 체제가 내 세대에서 완전히 사라졌다고는 생각하지

• 이 인터뷰는 1996년에 한 것이고, 바이드는 1958년생이다.

않습니다. 가부장제는 도전받고 있습니다. 그것도 전 세계에서 도전받고 있습니다. 베이징에서 열린 국제회의에 참석했을 때도 나는 그 현상을 분명히 목격했습니다. 전 세계에서 여성들은 가부장제에 저항하면서 남성 지배적인 문화가 팽배하던 때와는 다른 방식으로 여성과 남성을 모두 존중하는 사회를 만들어가려 애쓰고 있습니다. 그들은 여성 폭력에 반발하고, 남성과 똑같은 일을 하면서도 여성이 임금을 더 적게 받는 상황에 반발합니다. 또한 출산을 규제하는 법과 정부에 저항합니다. 가부장제에 대한 거센 도전은 아직도 진행 중입니다. 그 때문에 미국을 비롯한 많은 나라가 여성의 반발을 불쾌하게 여기고 불안해합니다. 따라서 여성의 도전에 대한 저항과 반발이 있는 겁니다.

그러나 여성은 결코 멈추지 않을 거라는 걸 알아야 합니다. 여성들에게는 우리의 삶, 우리보다 젊은 여성의 삶, 그리고 미래에 태어날 여성의 삶을 개선하겠다는 굳은 의지가 있습니다. 따라서 성차별을 종식시키려는 여성에 반발하는 세력은 결코 승리하지 못할 겁니다. 성차별의 형태가 세대에 따라 변하고 또 우리가 잠시 후퇴할지는 모르지만, 필리스 슐래플리 Phyllis Schlafly 같은 이들이 우리의 저항을 막지는 못할 겁니다. 사실 그들은 페미니즘 덕분에 이득을 본 사람들입니다. 필리스 슐래플리는 강력한 카리스마를 지닌 여성 지도자입니다. 하지만 그녀는 페미니즘을 통해 권위를 얻었습니다. 페미니즘을 공격하는 방법으로 말입니다.

사회는 점진적으로도 변하지만 전격적으로도 변합니다. 제도도 속도가 느릿하기는 하지만 변하고 있습니다. 오래전에는 기존 체제를 뒤엎고 혁명이 일어나 새로운 체제가 들어설 거라고 생각했지만, 지금은 그렇게 생각하지 않습니다. 솔직히 말하면 사회가 꼭 변해야 하는 걸까 의심이 들 때도 많았습니다. 하지만 지금은 사회변동이 반드시 필요하다고 생각합니다. 우리가 점점 억압적으로 변해가는 경제·정치 체제 하에서 살아가기 때문입니다. 우리에게 주는 이익보다 폐해가 더 크고, 압도적 다수를 희생시켜 소수에게만 이익을 안겨주는 체제라면 당연히 바꾸어야 하지 않겠습니까. 현재의 체제는 노동자에게 상처를 주고 국민의 다수를 힘들게 합니다. 따라서 뭔가 변해야만 합니다.

우리가 지향해야 할 사회변동의 방향은 사회적으로 책임 있는 자본주의여야 한다는 게 내 생각입니다. 그렇습니다, 나는 분명히 그렇게 말합니다. 그렇다고 내가 보수주의자는 아닙니다. 분명히 진보주의자입니다. 그렇지만 나는 우리가 자본주의를 전복시키지는 않을 거라고 생각합니다. 이런 내 생각에 동의하지 않을 사람도 많을 겁니다.

그러나 나는 지금보다 더 책임 있고 공감을 불러일으키며 환경적으로도 건전한 방향으로 자본주의를 바꿀 수 있으리라 믿습니다. 자본주의를 더 공정하고 덜 차별적인 형태로 만들 수 있다고도 믿습니다. 자본주의라는 경제체제의 이점을 취해 더 많은 사람에게 분배할 수 있을 겁니다. 그렇게 되면, 모든 것을 소유한 사람만이 아니라 더 많은 사람이 혜택을 누릴 수 있을 겁니다. 노동자들이 일하는 공간을 인간적인 환경으로 탈바꿈시켜서 노동자의 욕구를 채워줄 수 있으리라 믿습니다. 탁아소, 건강보험, 메디케어, 사회보장제도 등 모든 분야를 인간적인 방향으로 바꿀 수 있을 겁니다. 우리는 그렇게 새로운 시스템을 만들어갈 수 있습니다. 자본주의를 전복시키지 않고도 부를 적절히 분배해 모두의 생활수준을 향상시킴으로써 그 꿈을 이룰 수 있습니다. 자본주의를 사회적으로 책임 있게 만듦으로써 그 꿈을 성취할 수 있습니다. 이 방식이 현실적이지 않을까요?

   진보주의는 광범위한 패러다임이지, 한 지도자가 하나만 가지고 있어야 하는 이데올로기가 아닙니다. 많은 사람이 많은 것에 대해 각양각색의 의견을 제시합니다. 하지만 진보주의자로서 우리가 지금보다 훨씬 많은 사람의 생활수준을 향상하기 위해서, 또 노동자계급과 중산층을 돕고 가난한 사람들을 돌보기 위해서 일반적인 기준을 정해 헌신한다면, 우리는 이 나라의 정치 세력에게 얼마든지 영향을 미칠 수 있습니다. 그러나 순수주의를 고집하거나 모든 면에서 합의점을 찾기를 고집한다면, 지금 상태에서 한 발짝도 앞으로 나가지 못할 겁니다. 우리는 진보적인 사람답게 새로운 길을 모색하기 위해 협의해야 합니다. 우리는 신념에 관해서는 무척 진지합니다. 하지만 우리가 정말로 세상을 지배하고 대중을 끌어갈 수 있으며 대중을 따르게 할 만한 비전을 가지고 있다고 자신있게 말할 수 있을까요?

우리 각자에게는 원대한 꿈이 있습니다. 이 나라의 모든 영역에 닥친 문제를 해결하기 위한 멋진 해결책도 나름 갖고 있습니다. 교육, 범죄와 가난, 복지에 관련된 문제를 해결할 방법들도 알고 있습니다. 하지만 우리는 그런 해결책을 두고 얘기를 나눠야 합니다. 모두를 끌고 가면서도 합의된 비전을 위해 모두를 결속시키는 운동이 필요합니다. 완벽한 비전, 오직 하나의 해결책, 또 우리를 구원의 길로 인도해줄 카리스마 넘치는 지도자를 기다리며 허송세월할 수는 없습니다. 그런 바람은 허황된 꿈입니다. 그런 꿈은 결코 이루어지지 않을 겁니다.

지금 직면한 문제를 해결하기 위해 다함께 손잡고 협력해야 합니다. 경제적으로 엄청난 불안감이 짓누르는 시기입니다. 불안의 원인을 아무런 관계도 없는 개인이나 집단의 탓으로 조작하는 시대입니다. 이민자들 때문에 일자리가 부족한 것이 아닙니다. 다국적 자본이 다른 지역으로 이동한 탓에 일자리가 사라진 겁니다. 동성애자 때문에 가족이 붕괴된 게 아닙니다. 여성과 남성의 역할 변화, 경제 상황의 변화로 사람들의 이동이 잦아지고 가족이 붕괴된 데 따른 혼란 등에 그 책임이 있습니다. 이 모든 문제의 진정한 원인이 무엇인지 진지하게 논의해보고 해결책을 모색해봐야 합니다. 혹시 압니까? '그래, 나는 진보적인 사람이야!'라고 말하는 사람이 갑자기 늘어날지…….

바사미언_ 그럼 어떻게 해야 사회변동이 가능할까요?

바이드_ 사회는 서서히, 그리고 점증적으로 변합니다. 그래서 나는 이것을 '사회변동의 점증론'이라고 말합니다. 하지만 각성의 순간도 무척 중요합니다. 사회는 개인적인 경험을 통한 각성으로도 변할 수 있으니까요. 가령 남성이든 여성이든 청소년이든, 차별의 원인이 무엇이든 간에 당신이 어떤 형태로든 차별을 경험한다면 당신은 그 경험을 통해 변하게 될 겁니다. 내가 말하는 개인의 경험을 통한 각성이 바로 그런 것입니다. 시위대와 함께 길을 걸어본 사람이라면, 파업에 참가해본 사람이라면 누구나 그런 경험을 통해 변할 겁니다. 지역의 환경오염 문제를 해결하기 위해 공동체를 조직하는 사람은 그 과정에서 변하기 마련입니다. 나는 개인적으로 그런 순간을 경험하며 사회변동의 가능성을 굳게 믿게 된 사람들을 많이 만났습니다.

다른 예를 들어보지요. 동성애자들은 자신이 동성애자인 걸 가족에게 밝히는 순간이 변화의 순간이라 할 수 있습니다. 내면에서 일어난 변화의 순간입니다. '나는 동성애자입니다'라고 밝히는 순간에 이르기까지 많은 갈등을 겪어야 합니다. 오늘날에도 사회가 동성애자를 자연스럽게 받아들이지 않기 때문에, 많은 동성애자가 아직도 그런 자기확인의 순간을 겪어야 합니다. 따라서 게이나 레즈비언, 양성애자나 성전환자는 완전히 다른 식으로 자의식과 자긍심을 만들어가야 합니다.

 나의 부모님은 내가 동성애자라고 밝힌 순간부터 달라졌습니다. 우리의 역학 관계도 변했습니다. 동성애에 대한 두 분의 생각도 완전히 변했습니다. 동성애가 두 분에게 갑자기 개인적인 문제가 돼버린 것입니다. 그렇다고 그날부터 부모님과 가족들이 동성애를 옹호하는 행동주의자가 된 것은 아닙니다. 내가 여성운동에 뛰어든 지 오래지만, 부모님과 가족들은 아직 동성애자를 위해 최전선에서 활동하지는 않습니다. 하지만 그분들은 동성애자에게도 차별 없이 동등한 권리를 보장해야 한다는 주장을 절대적으로 지지합니다. 또 자신들의 딸이 이성애자보다 열등하고 인간답지 못하며 사회악이고 비도덕적이라고 말하는 사람들의 편에는 결코 서지 않을 겁니다. 두 분은 그렇게 믿지 않습니다. 그것만으로도 엄청난 변화입니다.

피터 큉

큰 변화는
작은 투쟁에서 시작한다

Peter Kwong

―

피터 쾽은 뉴욕 시립대학교 대학원 사회학과와 헌터칼리지의 도시 문제 및 계획과 교수이며, 아시아계 미국인 연구소 소장이기도 하다. 노동의 역사와 행동주의에 관련해 많은 논문과 책을 발표했고, 이민·민족·시민권을 위한 국제 센터와 중국인노동자협의회Chinese Staff and Workers Association에서 이사로 활동 중이다. 이민과 노동 정책에 관련한 글을 《빌리지 보이스 The Village Voice》, 《네이션》 등 많은 매체에 기고했다.
대표 저서로는 《뉴 차이나타운 The New Chinatown》과 《금지된 노동자 Forbidden Workers》가 있으며, 다큐멘터리를 제작해 PBS와 NBC를 통해 방영하기도 했다.

우리가 하는 일이 옳다고,
또 역사적 관점에서 우리가 원하는 방향으로 발전할 거라고
확신할 수 있어야 합니다.
저항운동이 쇠퇴하는 때가 있지만,
결국 우리가 승리할 때가 올 것입니다.

사우스 엔드_ 선생님은 어떻게 차이나타운과 관계를 맺게 되셨습니까? 또 정치적 문제에는 언제부터 관심을 갖고 연구를 시작하셨습니까?

피터 퀑_ 나는 1965년 초에 반전시위에 참여했습니다. 학생 비자로 컬럼비아 대학교에 재학 중인 때였습니다. 나는 반전시위에 참여한 극소수 아시아인 중 하나였습니다. 하지만 정치 문제에 더 많은 관심을 갖게 되고, 특히 컬럼비아 대학교의 1968년 항거*에서 많은 사람을 만나면서, 베트남전쟁에서는 인종 문제

---

* 민주사회를 위한 학생연합과 흑인 학생들이 대학의 비밀 군사 연구 및 대학 내 소수민족 정책에 반대하며 대학의 건물을 점령한 사건.

가 거의 거론되지 않는다는 걸 깨달았습니다. 내가 보기에 미국이 베트남전쟁을 그처럼 야만적으로 끌고 간 이유는 베트남인들이 백인이 아닌 다른 인종이기 때문이었습니다.

아이러니하게도 올해 1998년은 밀라이 학살* 30주년이 되는 해로군요. 우리는 미군이 수백 명의 무고한 여자와 아이들을 냉혹하게 죽였다는 사실을 상기했습니다. 내 생각이지만, 그 사실은 백인 반전시위자들이 무시했던 전쟁의 인종차별적인 면을 여실히 보여주는 증거입니다. 백인 반전시위자들은 주로 '미군을 집에 돌려보내라!'라는 구호를 외쳤고, 닉슨Richard M. Nixon 정부는 아시아인끼리 서로 죽이게 만든 '전쟁의 베트남화'**와 공중폭격을 통해 베트남을 줄기차게 공격한다는 조건 아래 그 요구에 기꺼이 따랐습니다. 그때부터 나는 반전시위에 가담하기를 그만두고 다른 아시아계 급진주의자들과 함께 활동하기 시작했습니다.

우리 중 일부는 많은 아프리카계 미국인들이 진작에 이른 결론

---

* 1968년 베트남전에서 미군이 저지른 가장 잔혹한 민간인 학살 사건으로, 희생자는 347~504명으로 추정된다.
** 닉슨 대통령의 대 아시아 외교 정책의 일환. 국가 방위의 책임은 아시아 각국에 있음을 전제로 전쟁을 지속시키려는 의도가 담겨 있다. 베트남전에서 미군이 철수하는 배경이 되었다.

에 이르렀습니다. 베트남전쟁은 인종차별 전쟁이란 결론이었습니다. 뉴욕에 있는 아시아인들은 블랙 팬서Black Panthers*, 젊은 군주Young Lords**와 빈번히 접촉하기 시작했고, 의미 있는 정치 참여를 위해서는 자신이 속한 공동체에 들어가 동포를 위해 일해야 한다는 걸 깨달아갔습니다. 즉 자신이 속한 공동체로 돌아가 그 안에서 조직을 결성해야 했습니다. 내 경우는 차이나타운으로 들어가는 걸 뜻했습니다.

그러나 엄격히 말해서 차이나타운은 내가 속한 공동체는 아니었습니다. 나는 그곳에서 자라지도 않았고, 그곳에 어떤 사람들이 있는지도 몰랐으니까요. 게다가 나는 노동자계급 출신도 아니었습니다. 나는 그저 평범한 외국인 유학생이었습니다. 그런데도 차이나타운이 내가 있어야 할 곳이라고 느꼈습니다. 내가 맨 처음 가까이 지낸 조직은 중국인진보연합Chinese Progressive Association의 전신인 의화권紅衛黨이었습니다.

사우스_ 당시 차이나타운은 어땠습니까? 선생님이 책에 언급한 사업계 엘리트들이 당시에도 지금처럼 두각을 나타내고 있었나요?

* 1966년에 결성된 미국의 급진적인 흑인 결사.
** 뉴욕과 시카고를 중심으로 결성된 푸에르토리코 민족주의 조직.

피터_ 아, 그랬습니다. 차이나타운의 지배층은 가난한 공동체를 관리하며 아주 오래전부터 존재해왔습니다. 우리가 처음 차이나타운에 들어갔을 때 주민 대다수는 초로의 남자 이민자들이었습니다. 오래전에 아내와 자식을 중국에 두고 미국에 들어왔지만 중국에서 내란이 일어나는 바람에 귀국하지 못한 사람들이었지요. 따라서 1960년대 말 차이나타운은 모든 면에서 가난하고 고립된 게토ghetto였습니다. 그런 환경 때문에 우리는 흑인이나 라틴계 이민자들이 입버릇처럼 말하던 주장에 이념적으로 동조하게 됐습니다. 우리도 계급과 인종 양쪽에서 억압받는 사람들이었으니까요.

사우스_ 반전시위에 참여한 경험이나 당시 좌파가 말하던 쟁점들에서 배운 교훈이 그런 새로운 정치 환경에서 일하는 데 도움이 됐습니까?

피터_ 1960년대 말은 낙관주의가 팽배하던 시기였습니다. 세계 전역에서 억압받는 사람들이 어떤 식으로든 반격하며 저항하던 시기였습니다. 중국에서도 젊은이들이 중국의 정치기구에 도전하고 있었을 정도이니까요. 우리는 베트남 사람들을 보고 용기와 영감을 얻었습니다. 그들이 조그맣고 낙후된 나라도 세계 최강국에 저항할 수 있다는 걸 보여주지 않았습니까. 프랑스와 독일 같은 자본주의 국가에서도 젊은 학생들이 그들의 정치 지도자들에게 개혁을 요구하고 있었습니다. 따라서 '세계 전역에서 진행되고 있는 혁명적인 변화와 사회 변혁이 우리 공동체인 차이나타운에서도 가능하다'라는 희망을 품게 됐습니다.

기업계 거물들이 공동체를 강력하게 지배하고 있다는 걸 알게 된 것이 그때였습니다. 그리고 여러 가지 점에서, 우리가 공동체에 심어주려던 급진적인 메시지들이 유의미하게 받아들여지지 않았습니다. 심지어 가난하고 소외된 사람들에게도 먹히지 않았습니다. 그래서 우리는 다양한 방향에서 접근을 시도했습니다. 그곳 사람들에게 실질적인 도움을 줄 수 있는 봉사 단체를 설립했고, 식품 협동조합과 보건소 등과도 긴밀한 관계를 맺었습니다. 우리는 이런 활동들을 통해 차이나타운 사람들과 접촉할 수 있으리라 생각했습니다.

하지만 우리는 눈에 띄는 성과를 거두지 못했습니다. 여전히 우리와 그들 간에는 거리가 있었습니다. 우리는 혁명적인 사회 변화를 말했지만, 그들은 하루하루 먹고사는 걸 걱정했으니까요. 그런 상황에서 우리가 돌파구로 삼을 만한 유일한 실마리는 민족주의였습니다. 예컨대 차이나타운의 거주자들은 사회주의 이념에는 관심이 없었지만 중국 본토에서 들여온 영화를 무척 보고 싶어 했고, 영화가 사회주의적인 색채가 농후해도 상관하지 않았습니다. 중국은 강하며 혼자 힘으로 우뚝 일어섰다는 걸 보여주는 영화였으니까요. 영화에 담긴 메시지는 공동체 구성원들에게 국수주의적인 민족적 자부심을 안겨주었습니다. 그런 반응에 우리는 불안하기 짝이 없었습니다.

어쨌든 아시아계 미국인 급진주의자들 – 대다수가 미국에서 태어나 중국어를 모르는 대학 교육을 받은 젊은이들 – 과, 주로 노동자계급에 속하고 영어가 능숙하지 못한 차이나타운 공동체 구성원들 사이에는 큰 벽이 있었고, 마찰을 피할 수 없었습니다. 따라서 우리는 우리가 무엇을 잘못하고 있는 건지 끊임없이 스스로에게 되물었습니다.

그 과정에서 우리도 많은 변화를 겪었습니다. 미국에서 1970년대 초 많은 급진적 조직들이 그랬듯이, 급진주의가 사그라들고 그에 대한 반발도 만만치 않은 데다 학생운동이 중산층 문제로 방향을 선회하는 상황에서 우리는 좌절감뿐 아니라 배신감마저 느꼈습니다. 결국 우리는 공동체에서 철수해 추상적이고 이론적인 토론에 빠져들었고 일부 사람들은 마르크스주의를 비롯한 여러 이론에서 돌파구를 찾으려 했습니다. 우리가 추상적인 문제에 몰두하자 조직은 점점 분열되며 파벌이 나뉘었습니다. 나도 그 과정에 깊숙이 개입했습니다. 하지만 나는 무엇보다도 우리가 차이나타운에서 조직을 결성한 방법에 문제가 있었다는 걸 깨닫고, 중국인 공동체에 관해 진지하게 연구하기 시작했습니다.

그래서 1930년대와 1940년대에 관한 연구부터 시작했습니다. 세계적인 격변이 있었고, 미국과 중국만이 아니라 거의 세계 전역에서 급진주의가 만연했던 시기였으니까요. 나는 이런 사건들이 미국 내의 중국인 공동체에 어떤 영향을 미쳤는지 알고 싶었습니다. 그 결과, 당시 차이나타운에 상당히 진지한 행동주의가 있었다는 걸 알게 됐습니다. 1960년대의 우리 조직과 유사한 중국인 행동주의자 모임이 우리처럼 급진적으로 사회를 변혁하려 했지만 실패했다는 것도 알게 됐습니다. 그래서 나는 1930년대의 차이나타운을 연구한 결과를 바탕으로, 우리가 취했던 방법을 비판적으로 분석했습니다.

1930년대를 연구해 내가 얻은 결론은, 자본주의의 계급이 제대로 형성되지 않은 공동체에 급진주의자들이 성급하게 마르크스주의의 혁명적 이데올로기를 적용하려 했다는 것이었습니다. 다시 말해, 당시 차이나타운의 경제구조는 주로 소규모 가족경영 기업들로 이루어져 있었습니다. 가족이 세탁소 주인인 구조에서는 계급 모순을 거론할 여지가 없었던 겁니다.

하지만 계급 모순이 전혀 없었던 건 아닙니다. 소규모 자영업자들과 엘리트 지주 및 대형 상점 주인들이 관리하는 전통적이고 봉건적인 조합 사이에 갈등이 있었습니다. 실제로 1930년대에는 세탁업자들이 전통적인 제도에 맞서 주도한 민주화운동이 있었습니다. 그러나 마르크스주의에 심취한 급진주의자들은 그들을 조직화하려고 노력하지 않았고, 더구나 전통적인 의미에서 계급이 형성되지 않은 공동체에 전통적인 계급투쟁이론을 적용할 수도 없었습니다. 이 연구를 통해 나는 우리 접근법에 무엇이 잘못됐는지 조금씩 깨달아갔습니다.

1970년대 말 무렵, 나는 내가 '분파적'이라 생각했던 조직에서 탈퇴했습니다. 그런 조직에 참여한 걸 지금 후회하지는 않습니다. 하지만 그때 우리는 스스로 무엇을 잘못했는지 깨닫게 해주는 현실적 경험을 하지 못했습니다. 70년대 말, 나는 중국인노동자협의회를 우연히 접했고, 식당 웨이터와 의류공장 노동자들을 조직하기 위해 노동자계급 출신인 노동조합 조직자들과 함께 일하기 시작했습니다. 그때는 차이나타운에 제조업이 퍼지기 시작했기 때문에 계급 구조도 크게 달라져 있었습니다. 새로 생긴 대규모 의류공장과 식당에서 일하는 노동자들이 더 이상 주인의 친척들이 아니었습니다. 따라서 계급이 형성되고 양극화 현상도 뚜렷해졌습니다. 내가 다시 새로운 투쟁에서 활발하게 활동한 이때가, 내가 했던 수년간의 연구와 분석을 현장에 적용할 수 있었던 시기였습니다.

하지만 그 과정에서 나는 행동주의 지식인이 되는 법을 배워야 했습니다. 이것은 행동주의자가 되는 길과도 다르고, 지식인이 되는 길과도 달랐습니다. 물론 과거에 나 스스로 행동주의자라고 생각하며 조직 결성에 깊이 개입하던 시기도 있었습니다. 하지만 그 길은 내가 큰 역할을 할 수 있는, 또 해야만 하는 길이 아니었습니다.

지식인으로서 나의 주된 역할은 연구하고 분석하는 것입니다. 하지만 외부의 관찰자적 관점으로 연구하고 분석하는 정도로는 진정한 기여를 할 수 없습니다. 많은 학자가 외부의 관찰자에 불과합니다. 그들은 자신들이 연구하고 분석하는 사건에 참여하지 않습니다. 따라서 저항운동 역사의 일부가 될 수 없습니다. 나는 지도부의 일원으로서가 아니라 투쟁의 일부가 됨으로써, 또 조직자들과 정책 및 전술을 두고 열띤 토론을 벌임으로써 관련 지식을 얻어야 한다고 생각합니다. 내 역할은 사람들의 이야기를 경청하고, 구체적인 갈등 상황에서 참여 당사자의 관점으로 쟁점을 이해하려고 노력하는 것입니다.

물론 어려운 역할이긴 합니다. 지식인이고 정치 분석 능력을 가진 사람으로써 '이봐요, 이 일은 이렇게 해야 해요'라고 말하기 십상이기 때문입니다. 나는 좌파운동의 많은 문제가 바로 여기에서 비롯된다고 생각합니다. 많은 급진주의자가 자신을 운동 자체라 생각합니다. 즉, '문제가 있다고? 알았어, 이러저러하게 하고, 변호사도 구하고!'라는 식의 태도를 보입니다. 그들은 운동의 일부는 되어도 노동자가 되지는 않습니다. 중국인노동자협의회 같은 조직은 정교한 이론적 틀에 맞춘 정책을 수행하는 조직이 아닌 순수한 노동자들의 운동으로 남아 있으려 하기 때문에 그런 경향과 항상 싸워야 합니다.

물론 그 때문에 내 역할이 복잡하기는 합니다. 나는 적극적으로 참여하려 애쓰지만 사람들은 나를 언제나 교수, 학자라고 여기니까요. 사람들은 직접 발로 뛰었던 내 경력을 쉽게 인정하지 않습니다. 아무리 노력해도 나는 언제나 외부인일 뿐입니다.

사우스_ 오늘날의 젊은 행동주의자들이 1960년대와 1970년대에 활동한 선배들에게서 유산으로 물려받아야 할 중요한 것이 있다면 뭐라고 생각하십니까?

피터_ 내가 지난 세월에서 배운 것이 있다면, 한층 커다란 틀에서 투쟁을 이해해야 한다는 겁니다. 1970년대 말에 내 동료들 중 다수가 투쟁을 포기한 이유는 상황이 역전되면서 실망하고 좌절했기 때문입니다. 하기야 시민권이 후퇴하고 미국 기업의 힘이 욱일승천했으니까요. 하지만 우리는 세상을 역사적 관점에서, 또 거시적 관점에서 보아야 합니다. 우리가 하는 일이 옳다고, 또 역사적 관점에서 우리가 원하는 방향으로 발전할 거라고 확신할 수 있어야 합니다. 저항운동이 쇠퇴하는 때가 있지만, 결국 우리가 승리하는 때가 올 것입니다. 이런 거시적이고 역사적인 이해가 밑받침되지 않으면 우리는 낙심하게 될 것입니다. 또한 미국과 세계 체제의 근본적인 모순에 대한 이해가 없으면, 행동해야 할 때가 오더라도 그 상황을 이용할 방법을 알기 어렵습니다. 젊은이들이 내 조언을 구한다면, 좋은 일을 한다는 것에 만족하지 말라고 말해주고 싶습니다. 또 체제의 장기적인 변화를 이루어내기 위해 힘써야 한다고 말해주고 싶습니다. 역사적 맥락에서 세계 체제를 이론적으로 완벽하게 이해할 때에야 기나긴 투쟁의 길을 걸어갈 수 있습니다.

  내 생각에는 마르크스주의에 대한 정확히 이해가 중요합니다. 나는 마르크스주의를 통해 자본주의 시스템의 기본적인 모순을 정확히 이해할 수 있었고, 어려운 시기를 이겨낼 수 있었습니다. 1970년대 말은 무척 힘든 시기였습니다. 하지만 미국만이 아니라 전 세계적인 현상이라는 걸 알았기 때문에 실망감도 덜 했습니다. 마르크스주의를 공부한 덕분에, 상황이 악화되더라도 모순은 저절로 해결된다는 걸 알았습니다. 반발하는 힘이 클수록 덜 추락하는 법입니다. 젊은 행동주의자들이 이런 역학 관계를 알았으면 좋겠습니다.

사우스_ 선생님은 《금지된 노동자》에서 불법 노동자들, 특히 중국인 노동자들이 장래에 여러 이유에서 노동조직의 최전선에 있게 될 거라고 말씀하셨습니다. 하지만 조직화된 노동 세력은 선생님의 의견을 인정하지 않았습니다. 어떤 의도로 그렇게 말씀하셨는지 자세히 설명해주시겠습니까?

피터_ 미국 경제가 재구조화되면서 자본이 노동자에게서 안전망과 노동권을 빼앗아간 현상을 말하고 싶었던 겁니다. 모든 미국 노동자의 노동조건이 악화됐습니다. 자본은 노동자들을 갈라놓기 위해 이민자들을 노동 현장에 끌어들였습니다. 이민자들은 법의 보호를 받기 힘드므로 착취하기가 쉬우니까요. 특히 불법 이민자들은 극심한 수모를 당하며 고통을 겪고 있습니다.

하지만 이민자들도 미국 노동계급의 일부입니다. 따라서 그들을 외국인이라 여겨 무시하는 대신, 조직에 끌어들여 그들이 열악한 환경에서 일하지 않도록 보호해주는 게 더 나을 겁니다. 미국 노동자들이 이민자들, 또 소수민족들과 힘을 합쳐 투쟁하지 않는다면, 지금 불법 이민자들이 겪는 노동환경은 장래에 모든 노동자에게 확대될 겁니다. 이런 의도에서 그렇게 말했던 겁니다.

사우스_ 최근에 이민 노동자들이 소송에서 승리한 사례들이 있습니다. 노동자들에게 임금을 지급하지 않은 의류공장과 하도급 계약을 맺은 제시카 맥클린탁Jessica McClintock 사를 상대로 한 소송, 또 일급과 팁을 강제로 압수한 경영진을 상대로 웨이터가 소송을 제기한 징 퐁Jing Fong 식당 사건이 대표적인 예입니다. 선생님은 이런 성공이 장기적으로도 유효할 거라고 보십니까?

피터_ 내가 보기에는 전반적인 시스템이 와해되고 있는 것 같습니다. 노동법과 노동자 보호 시스템만이 아닙니다. 노동조직과 노동운동도 분열되고 있습니다. 달리 말하면, 노동자를 보호한다고 여겨지던 모든 제도적 장치가 붕괴되고 있다는 뜻입니다.

그나마 낙관적인 것은, 결국 희생자들이 저항하며 반격할 거라는 희망입니다. 이론적으로 보면 자본의 공격 때문에 노동자의 저항이 점점 약해져 노동운동을 유지하기도 힘든 상황에 빠질 수 있습니다. 그러나 차이나타운이나 라틴 구역의 사례에서 보듯이, 노동자를 억압하는 힘이 압도적으로 강할 때조차 언제나 저항하는 사람이 있기 마련이었습니다. 그 저항의 정도가 미약할지라도 자본에 저항해 싸우는 사람은 언제나 있습니다.

웨이 창Wei Chang 의류공장의 사례를 볼까요? 경영진은 노동자들의 임금을 수천 달러씩 체불했습니다. 노동자의 대다수가 불법 이민자였거든요. 그들은 '정말 너무합니다. 우리를 어디까지 몰아세울 작정입니까?'라고 하소연했는데, 그들 중 많은 사람들이 '강제 추방을 당하더라도 싸워서 내 돈을 돌려받고 싶다'고 말했습니다. 징 퐁 식당의 경우, 처음에는 웨이터 한 명만이 '노동자들의 팁을 빼앗아가서는 안 된다'고 항의했을 뿐, 다른 웨이터들은 감히 나서지조차 못했습니다. 차이나타운의 지배층은 경영진에게 무모하게 항의한 그 직원을 공격했습니다. 《뉴욕타임스》조차 경영진 편을 들며 그 직원을 비난했습니다. 그 직원 편에 서는 사람은 한 명도 없는 것 같았습니다. 하지만 결국에는 그 직원이 승리했습니다. 원칙을 지키는 훌륭한 사람은 어디에나 있습니다. 우연하게도 이번 경우에 그 사람은 공화당 주법무장관이었습니다. 그 장관이 '뭔가 앞뒤가 맞지 않다'며 재조사를 지시했고, 결국 진실이 밝혀졌습니다.

　이런 작은 투쟁들에서 억압이 극단으로 치달을수록 반발도 크다는 게 증명되지 않습니까? 주류 노동운동이 투쟁에서 뒷걸음질치고, 반격을 가하고, 다시 뒤로 물러서는 걸 볼 때마다 이런 작은 투쟁들을 떠올리면 다시 용기를 가질 수 있습니다. 예, 맞습니다. 우리는 아주 작은 투쟁에 대해 말하고 있습니다. 차이나타운의 경우, 저임금과 장시간 노동에 항거한 투쟁도 아니었습니다. 이미 마친 일에 대한 임금을 받기 위한 투쟁이었습니다. 하지만 우리는 그런 작은 투쟁에서 희망의 실마리를 찾습니다.

노동조합이 경영진과 손잡고 노동자를 침묵하게 만드는 경우도 적지 않습니다. 하지만 노동자들은 저항해 싸우기를 원합니다. 노동자들이 승리하지 못할 수도 있지만, 잘못된 것은 잘못된 것이기 때문에 노동자들은 어떤 억압에도 굴복하지 않고 저항합니다.

사우스_ 불법 이민자들이 직면하는 문제들을 해결하는 데 많은 도움이 될 수 있는 법적 구제책, 즉 법을 통한 해결책에 대해서도 말씀하셨습니다. 하지만 이민 귀화국과 노동부의 갈등에 대해서도 언급하셨습니다. 이런 정부 기관들을 믿을 수 있을까요?
피터_ 겉보기에 법으로 문제를 해결하자는 내 주장은 부르주아적으로 보일 겁니다. 즉, 사태가 악화되면 정부 기관이 난처해질 테니 어떤 식으로든 대책을 마련하게 될 거라는 식으로 말입니다. 하지만 압력을 넣지 않으면 이런 정부 기관들은 꿈쩍도 하지 않습니다. 그래서 나는 궁극적으로 노동운동이 필요하다고 말하는 겁니다. 일반 노동자들이 저항하지 않으면 장기적으로는 상황을 크게 개선할 수 없을 겁니다. 하지만 소수의 노동자라도 기죽지 않고 저항한다면 뜻밖의 충격을 줄 수 있습니다. 경영진과 시스템은 민중이 들고 일어설까 봐 두려워합니다. 그렇습니다, 노동자가 반발하면 정부는 반응을 보일 수밖에 없습니다. 그래서 유럽과 미국에서 자유주의적 사회민주주의 체제가 도입된 것이지, 프랭클린 루스벨트 같은 정치인들의 선의와 호의 때문에 그 체제가 도입된 게 아닙니다. 1920년대와 1930년대에 사회시스템이 바뀐 이유는 강력한 민중운동이 일어났기 때문입니다. 힘은 밑에서부터 오는 것이지 위에서부터 오는 게 아닙니다.

사우스_ 중국에서 밀입국자를 싣고 오던 '골든 벤처'호가 뉴욕에 도착하기 직전 좌초된 끔찍한 사건이 터진 후에야 사람들이 당혹감에 빠져 불법이민 문제를 공개적으로 거론하기 시작했으니 정말 안타까운 일입니다.

피터_ 그렇습니다. 하지만 우리가 그런 사건을 계속 거론하고 압력을 가하지 않으면, 사람들은 금세 잊고 다른 쟁점으로 넘어가버립니다. 아시아계 미국인 행동주의자인 내가 바로 이 부분에서 나름 영향을 미칠 수 있다고 생각합니다. 직접 개입하지 않은 채 그저 교실과 학계에서 문제를 거론하는 데 그친다면, 이 문제를 이해하는 내 방식은 현실성도 없고 시대 상황에 맞지도 않을 겁니다. 학자들은 이런 점에서 반성해야 합니다. 우리 역할은 민중에게 행동의 필요성을 이해시키고, 민중이 조직화되도록 돕는 겁니다. 우리가 변화를 이끄는 막후 세력이라고, 또 우리가 민중을 위해서 뭔가를 해야 한다고 생각하지 말고, 민중과 함께 일해야 합니다.

사우스_ 전통적으로 좌파에 동조하지 않는 사람들과 연대하고 제휴할 수 있는 방법이 있을까요? 저항운동의 범위를 확대하기 위해서는 어떤 방법을 동원해야 할까요?

피터_ 누구나 연대하는 방법에 대해 말하고 있고, 실제로도 많은 연대가 이루어지고 있습니다. 하지만 아까 말했듯이 많은 행동주의자가 자신을 운동 자체, 또 연대에 참여한 조직의 대표라 생각하는 경향이 있습니다. 따라서 사람들은 입버릇처럼 '연대합시다!'라고 말하지만, 누가 연대하고 있는지 살펴보면 전부가 우리 같은 사람들, 요컨대 정치적 기반이 없어 실질적으로 누구도 대변할 수 없는 개인들입니다.

나는 바로 여기서 문제가 시작된다고 믿습니다. 우리는 진정한 연대, 즉 밑에서부터 위로의 연대, 따라서 신성으로 민중에게 지지받을 수 있는 연대를 결성해야 합니다. 어려운 일이지만 그것이 우리의 과제입니다.

이런 연대를 결성하려는 노력이 없었던 건 아닙니다. 소수민족 노동자들이 백인들로만 구성된 노동조합에 가입하기 위해 연대한 적이 있었습니다. 지금도 뉴욕 시의 건설 노조는 아시아인, 흑인, 남미인의 가입을 거부하고 있는 실정입니다. 이런 상황에서는 소수민족끼리 연대를 결성할 수 있을 겁니다. 노동조합 내에서는 기존의 조합원들이 장애물이고, 노동조합 밖에서는 조합원들을 응원하는 '좌파'들이 장애물입니다. 소수민족 노동자가 노동조합에 가입하려고 하면, 노동조합은 '우리끼리 나눠 가질 일자리도 없다. 그러니 너희까지 받아줄 순 없다'라고 말합니다. 백인 급진주의자들은 '너희가 노동운동을 곤경에 빠뜨려 죽이고 있다'며 비난을 퍼붓기까지 합니다. 한마디로 백인 급진주의자들이나 노동운동가들은 아시아인, 아프리카계 미국인, 남미인 노동자의 편입을 진보적인 정치 쟁점으로 생각하지 않는다는 증거입니다. 그들은 현재 상황을 제로섬게임으로 봅니다. 즉 그들이 흑인을 받아들이면 노동조합이 약화될 거라고 생각하는 겁니다. 조직화되지 않은 노동자들을 포용하면 노동자계급의 힘이 전반적으로 강해진다는 걸 아직 깨닫지 못한 겁니다.

사우스_ 젊은이, 특히 아시아계 미국인을 정치적 행동주의나 학문적 연구에 끌어들이기 위해서 무엇이 필요하다고 생각하십니까? 다음 세대의 주역인 젊은이들에게 동기를 부여하려면 무엇을 가장 먼저 고려해야 할까요?
피터_ 나는 오랜 전통을 지닌 공동체 행동주의부터 시작했고,

그에 관한 연구를 하려고 아시아계 미국인 연구소에 들어갔습니다. 오늘날 아시아계 미국인 연구소는 다른 많은 소수민족 연구소와 마찬가지로 정체성을 연구하는 데 지나치게 몰두하는 경향이 있습니다. 정체성이 마치 변하지 않는 객관적인 실체라도 되는 양 말입니다. 그러나 정체성은 서로 영향을 미치는 것이며, 정체성 강화의 목적은 억압과 인종차별에 맞서 싸우는 데 있습니다. 추상적이고 이론적인 훈련을 하기 위해 정체성을 규정하면 안 됩니다.

소수민족 및 아시아계 미국인 연구소의 원래 목표는 평등과 사회정의를 위한 원대한 투쟁 정신으로 인종차별을 종식시키는 것이었습니다. 우리는 아시아인만을 위해서가 아니라 모든 사람들을 위해 싸우고 있다는 걸 잊어서는 안 됩니다. 이런 이유에서 정체성 정치를 지적인 훈련의 하나로 가르치면 많은 학생들이 지겹고 따분해하는 것입니다. 실제로 '보는 교수가 똑같은 이미지, 똑같은 정체성만 말하는 것에 진저리가 납니다!'라고 푸념하는 학생들이 점점 늘어나는 추세입니다. 나는 그 푸념을 충분히 이해합니다. 정체성을 연구하고 가르치는 학자들 중에는 아시아인들이 스스로 '우리는 피해자다'라고 생각한다는 듯이 말하는 사람이 많습니다. 맞습니다, 우리는 피해자입니다. 하지만 그렇게 생각해봐야 무슨 소용이 있겠습니까? 이제부터라도 우리는 그런 상황을 어떻게 변화시킬 수 있는지에 대해 말해야 합니다. 우리는 지금까지 핵심을 놓치고 살았습니다. 우리가 유일한 피해자인 것처럼 생각했고, 그 사실만이 중요하다고 생각했습니다. 하지만 나는 투쟁의 초점을 거기에 맞춰야 한다고 생각하지 않습니다. 모두를 위한 사회정의에 초점을 맞춘 투쟁이어야 합니다. 나는 처음부터 그런 이유에서 저항운동에 참여했습니다.

정체성 정치가 우리에게 사람들을 조직할 힘을 준다면 나는 정체성 정치를 얼마든지 받아들일 용의가 있습니다. 정체성은 다른 사람들과 접촉하고 그들과 함께 투쟁할 때나 중요한 것입니다. 그 경우가 아니라면 정체성은 공허한 자기만족에 불과합니다. 게다가 정체성 정치는 우리가 지금 우리 눈앞에서 벌어지고 있는 현상을 올바로 파악하려는 것을 방해하는 경향까지 띱니다. 내가 재직하는 학교에서도 동료 교수들은 내가 아시아계 미국인 연구소 소장이기 때문에 민족적 자부심, 민족의 정체성 등 그들이 보기에 중요하지 않은 쟁점들만 다룰 거라고 생각할 뿐, 내가 하는 일에 별로 관심을 기울이지 않습니다. 또 내가 실제로 무엇을 말하고 있는지에 대해서도 알려고 하지 않습니다. 반면에 아시아계 미국인들은 나에게 '왜 당신은 아시아계 미국인 공동체 내부의 문제만 파고듭니까? 왜 당신은 같은 동포의 치부를 바깥 사람들에게 알리는 겁니까?'라며 불평을 터뜨립니다. 하지만 나는 사회정의를 위해 투쟁하고 있는 겁니다. 아시아인이 차별받는 건 잘못된 일입니다. 하지만 아시아인이 같은 아시아인을 억압하고 착취하는 것도 잘못된 일입니다. 나는 이런 것을 보고도 침묵하고 그냥 지나칠 수가 없습니다.

위노나 라듀크

진정한 보수주의자

Winona LaDuke

위노나 라듀크(1959~)는 아니시나베(오지브웨)족 원주민으로 아메리카 인디언 운동가, 환경운동가, 경제학자이자 작가이다. 캘리포니아 로스앤젤레스에서 태어난 라듀크는 적극적인 운동가였던 부모님의 영향을 받아 어렸을 때부터 원주민 문제에 관심을 가졌다. 하버드 대학교에서 농촌경제발전degree in rural economic development을 공부했고 안티오크 대학교에서 커뮤니티 경제발전을 공부해 석사 학위를 받았다. 제임스 만 2차 수력발전 계획을 반대하는 운동을 조직한 후로 여러 언론에서 '가장 주목받는 원주민 환경운동가'로 선정됐고, 1994년에는 《타임Time》이 선정한 '40세 이하에서 가장 촉망받는 지도자 50인'에 선정되기도 했다. 1996년에는 녹색당 랠프 네이더의 러닝메이트로 대권에 도전했으며, 1997년에는 인디고 걸스Indigo Girls와 함께 잡지 《미즈Ms.》의 '올해의 여성'으로 선정됐다. 1998년에는 리복 인권상을 수상했으며 2007년 전미여성 명예의전당에 추대되었다. 그린피스 미국 본부의 이사를 지냈고, 지금은 환경단체 '대지를 존중하라Honor The Earth'와 '화이트 어스 토지 회복 프로젝트White Earth Land Recovery Project'의 사무총장을 맡고 있다. 저서로는 《신성의 회복Recovering the Sacred》과 《우리 모두의 관계All Our Relations》가 있다.

지배계급이 여러분에게 가르친 허황된 신화 중 하나가 바로
여러분에게는 힘이 없다는 겁니다.
힘은 야만적인 무력이나 돈이 아닙니다.
힘은 우리 정신, 영혼, 그리고 땅에 있습니다.

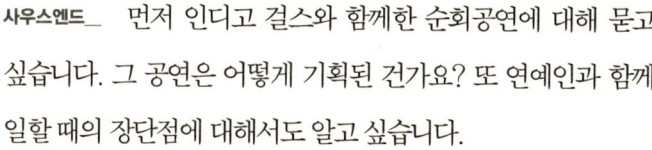

사우스엔드_ 먼저 인디고 걸스와 함께한 순회공연에 대해 묻고 싶습니다. 그 공연은 어떻게 기획된 건가요? 또 연예인과 함께 일할 때의 장단점에 대해서도 알고 싶습니다.

위노나 라듀크_ 1970년대 이후부터 가수들과 함께 다양한 공연을 시도했습니다. 주된 목적은 원주민의 입장에서 본 환경문제와 공동체 문제를 세상에 알리기 위한 것이었습니다. 우리 원주민은 사회의 주류에서 너무 소외된 상태여서, 그들과 함께한 공연은 우리 투쟁을 알리는 데 많은 도움이 되었습니다.

우리는 1993, 1995, 1997년에 인디고 걸스와 함께 순회공연을 다녔습니다. 처음에는 공연을 세 번 했습니다. 상당한 성공을 거두었고, 인디고 걸스는 용기를 얻어 공연을 확대했습니다. 그래서 공연을 각각 21회씩 두 차례 더 했지요. 우리는 거의 50만 달러를 모금해서, 핵폐기물 정책에서부터 알래스카의 원주민 마을인 포인트호프 청소에 이르기까지 다양한 쟁점에서 정치적 행위를 촉구하는 카드 10만 장을 정치 관료들에게 보냈습니다. 그런대로 성공을 거두었지요. 포인트호프를 청소했고, 몬태나의 성소聖所에 있는 금광을 일시적으로 폐쇄하는 성과를 거두었으니까요.

순회공연의 의도는 원주민 공동체에 대한 정보를 사람들에게 널리 알리는 것이었습니다. 그렇게라도 하지 않으면 아무도 원주민의 상황을 제대로 알지 못할 테니까요. 대체로 인디고 걸스의 팬들은 20대 초반의 젊은 백인 여성이었습니다. 우리는 두 가지 쟁점을 무대에서 주장했습니다. 하나는, 아닌 것은 아니라는 겁니다. 누구도 우리 땅을 더럽힐 수 없습니다. 원주민 공동체에게도 반대할 권리가 있습니다. 두 번째 쟁점은, '누가 아메리카의 미래를 지배할 것이냐?'라는 질문이었습니다. 당신과 나, 즉 민중이 아메리카의 주인이 될 것이냐, 아니면 대기업이 될 것이냐는 질문이었죠.

단점이요? 슈퍼스타와 함께하면 단점도 때로는 신화가 되지 않나요? 여하튼 인디고 걸스도 많이 변했습니다. 그들도 변화의 과정을 함께 겪었습니다. 그들도 인간이니까요. 그들은 자신의 생각을 분명히 표현하는 사려 깊은 여성이었습니다. 또 행동주의자였습니다. 순회공연 도중 만난 어떤 사람이 그들에게 "미국에서 올바른 일을 하기 위해서는 원주민들과 함께 올바른 일을 해야 할 것 같은 기분입니다"라고 말했습니다. 그렇습니다, 누군가는 해야 할 말이었습니다.

사우스_ 1996년 랠프 네이더와 함께 녹색당 부통령 후보로 대통령 선거에 도전했을 때에 대해 말씀해주시겠습니까? 그때 무엇을 바라셨습니까?

라듀크_ 나는 선거 정치를 좋아하는 사람이 아닙니다. 풀뿌리 공동체를 조직하고, 시민운동에 참여하는 게 더 좋습니다. 하지만 나도 정치 변혁을 이루기 위해 많은 전술을 활용할 수밖에 없는 사람입니다. 당신이라도 하나의 전술만을 고집하지는 않을 겁니다. 또 당신이 가려는 곳을 조사해서, 거기에 도작하려면 얼마나 시간이 걸리는지 따져볼 겁니다. 그래서 현재 시스템을 마비시키는 일도 하고, 현재 시스템을 변화시키는 일도 할 것이며, 현재 시스템을 대신할 방법을 모색하기 위한 일도 할 겁니다.

나는 원주민으로서 선거에 참여하면서 심정이 복잡했습니다. 그때까지 내가 투쟁해온 방법과 선거는 무척 달랐습니다. 그래도 미국 사법제도를 경험하고 행정부의 공청회에도 수도 없이 참석해보고 나니, 변화의 한 형태로 원주민이 선거에 참여하는 것도 나쁠 것은 없다는 생각이 듭니다.

민주주의는 근본적이고 윤리적인 관점에서 가장 가난한 사람들의 욕구를 채워주는 공공정책을 수립하기 위해 존재하는 것이란 게 내 생각이고 믿음입니다. 공공정책은 부자의 욕구를 채워주기 위해 존재하는 게 아니라는 겁니다. 침묵을 강요당한 사람도 목소리를 낼 수 있고, 누구나 정치적 담론과 토론에 참여할 수 있는 권리를 보장하는 게 민주주의라고 생각합니다. 그래서 많은 정당이 있어야 한다고 생각합니다.

나는 선거에서 많은 걸 깨달았습니다. 정치 과정이 배타적이란 건 전부터 짐작하고 있었지만 어느 정도나 배타적인지는 전혀 몰랐습니다. 예를 들면, 와이오밍에서는 선거에 참여하려면 공화당원이나 민주당원으로 등록하지 않은 유권자 만 명의 서명을 받아야 합니다.(웃음) 거의 불가능한 일이죠!

선거 과정에서 민주주의가 어디로 가고 있는지 묻는 것은 우리에게 무척 중요한 부분이었습니다. 랠프와 나는 적어도 그런 대화의 폭을 넓히는 데 일조했다고 생각합니다.

사우스_ 정치에는 어떻게 입문하셨습니까? 시간이 지나면서 생각이 바뀌지는 않았는지요?

라듀크_ 친가와 외가가 모두 정치적으로 개입해 강하게 목소리를 내는 집안이었습니다. 그래서 아주 어렸을 때부터 10대 시절까지 내내 부모를 따라 시위 현장에 자주 다녔고, 조직을 결성하는 현장에도 있었습니다. 1973년 운디드니를 점거하던 때를 아직도 생생히 기억합니다. 매일 저녁 텔레비전에서 월터 크롱카이트Walter Cronkite*와 베트남전쟁의 사망자 수를 본 것도 기억합니다. 나는 부정의를 세상에 알려야 하고, 투쟁해야만 변화를 일궈낼 수 있다고 믿는 집안에서 자랐습니다. 그토록 좋은 집안에서 교육받은 게 고마울 뿐입니다.

정식으로 정치에 뛰어든 건 열일곱 살 때였습니다. 다국적기업이 원주민 공동체에 미치는 영향과 천연자원의 개발 현황을 조사해달라는 미국 비정부기구 국제원주민교섭협의회의 부탁으로 노던 샤이엔 인디언 보호구역과 나미비아에서 광산 비교·조사를 시작했습니다. 나는 계약상의 불공평한 사용료 문제뿐 아니라 노던 샤이엔과 나미비아의 환경·사회·경제적 상황까지 정말 열심히 조사했습니다. 그 후에 자연스레 나바호족 보호구역의 우라늄 광산에도 관심을 갖게 됐지요.

당시 나는 하버드 대학생이었기 때문에 학문적 관점에서 우

• CBS 저녁뉴스 앵커.

라늄이 인간에 미치는 영향을 담은 자료들을 조사했고, 하버드에서 실제로 많은 정책이 구상되었다는 것도 알게 됐습니다. 1978년에 찾아낸 한 연구보고서 내용을 지금도 기억합니다. 라돈 방출 문제의 해결책을 제시한 로스 앨러모스 국립연구소의 보고서로, 나바호족 보호구역을 우라늄 채굴 및 가공 지역으로 지정하고 주민들의 거주를 금지시키라는 내용이었습니다. 당신도 알겠지만, 그 보고서는 나바호족에게 공개되지 않았습니다. 나바호에는 버려진 우라늄 광산의 수가 거의 1,000개에 달했고, 우라늄 채굴이 진행되는 광산이 44곳, 우라늄을 정제하는 공장이 10곳이나 있었습니다. 또 석탄으로 전력을 생산하는 화력발전소가 5곳, 석탄을 채굴하는 광산이 4곳이나 있었습니다.

  1979, 1980년부터 나는 공동체를 조직해 나바호족 보호구역에서 새로운 광산 개발을 중단시키는 직업을 시작했습니다. 또 정부 문서를 쉬운 영어로 다시 쓰고 나바호어로 번역하는 데에도 많은 시간을 할애했습니다. 나바호어에 '복사輻射'에 해당하는 단어가 없어 나바호족에게 상황을 정확히 설명하는 데 애를 먹기도 했습니다.

  그 후에는 반핵 시위에 참가해, 핵발전소 설립을 반대하는 사람들에게 연료봉에 쓰이는 우라늄이 어디에서 어떻게 생산되는지 알리는 데 힘썼습니다. 그 과정에서 나는 원자력을 반대하는 다양한 풀뿌리 조직, 원자력의 막대한 폐해, 그리고 냉담한 기업과 주주와 정부의 모습을 보았습니다. 반핵운동에 참가한 동지들도 똑같은 의문을 제기하긴 했지만, 정작 그들은 자신들이 사용하는 전기가 어디에서 생산되는지 몰랐습니다. 1980년대 초, 나바호족 보호구역 안의 우라늄 광산 대부분이 채굴 작업을 중단했고, 이제 핵발전소도 미국에서 사양산업이 됐습니다. 이 모든 것이 풀뿌리 조직들의 저항 덕분입니다.

내 정치적 견해는 이런 사건들을 통해 형성됐습니다. 그 후에는 사우스다코타, 그리고 내 남편의 고향인 제임스 만에서 활동했습니다. 거기에서 활동하면서, 어렴풋이 알고는 있었지만, 미국에서 핵발전소 설립을 중단시키더라도 소비 수준을 낮추지 않으면 똑같은 문제가 다른 어딘가에서 발생할 거라는 걸 확인할 수 있었습니다. 기업이 다른 곳으로 옮겨가 문제를 다시 야기할 테니까요. 기업이 캐나다에 수력발전용 댐을 세운 덧에 엄청난 지역이 물에 잠겨 많은 사람이 피해를 보았던 제임스 만의 경우처럼 말입니다.

결국 내 결론은, 핵발전소를 포기하고 수력발전으로 옮겨가자는 게 아니었습니다. 소비 수준을 억제해야 합니다. 우리 사회는 에너지와 자본 집약적인 산업 모델에 근간하고 있습니다. 생태적으로나 문화적으로 건전한 발전 모델, 요컨대 노동에 근간한 산업 모델이 아니라는 겁니다. 생존이 아닌 정복에 바탕을 둔 사회에는 불평등이 내재할 수밖에 없습니다. 정복에 근간한 사회는 끊임없이 다른 사람의 땅을 침략하고, 다른 나라의 경제를 지배하려고 욕심을 부리고, 다른 공동체를 강제로 이주시켜 난민을 만들어내기 마련입니다.

사우스_ 선생님은 지금까지 사회를 변화시키기 위해 많은 조직과 연대했습니다. 연대감을 가장 많이 느꼈던 조직은 어디였습니까? 또 페미니스트 조직, 환경단체, 원주민 조직 등에서 활동하면서는 어떤 경험을 하셨는지요?

라듀크_ 내 주된 임무는 내가 속한 공동체에서 일하는 겁니다. 따라서 원주민 보호구역에 기반을 두고 환경과 문화를 둘러싼 쟁점을 다루는 조직을 운영하고 있습니다. 우리는 우리 땅을 되찾으려고 노력하고 있습니다. 우리 땅의 9할을 다른 사람들이 차지하고 있는데, 그중 3분의 1은 연방정부와 주정부 및 시정부의 소유입니다. 이것이 우리 공동체의 근본적인 문제이기 때문에 요즘 나는 이 문제에 집중하고 있습니다. 우리 땅을 회복하는 과정이 곧 우리 아니시나베족의 영혼을 회복하는 과정입니다.

내가 속한 공동체는 아니지만 우리와 뜻을 같이하는 풀뿌리 원주민 조직들과도 함께 일해왔습니다. 대부분 우리 일은 부족

지도층, 다양한 형태의 정부 모두에게 환영받지 못합니다. 지금까지 내가 터득한 교훈이 있다면, 공인된 지도부에게는 어떤 기대도 하지 말라는 것입니다.

그리고 운이 좋게도 나는 환경단체, 진보단체, 여성단체에 소속된 의지력이 강한 사람들과 많은 일을 함께할 수 있었습니다. 그린피스 이사로 활동하면서도 많은 것을 배웠습니다. 좋은 면은 물론이고 타산지석으로 삼을 만한 나쁜 면도 보았습니다. 진정으로 헌신적이고 훌륭한 전략과 생각을 지닌 사람들에 관해서, 또 그들이 10대 환경조직에서 일하는 방법에 대해서도 많이 배웠습니다. 사람들은 그들이 비슷비슷할 거라고 생각하지만, 그들은 획일적인 사람들이 아니었습니다.

또 권력을 조종하는 것은 돈이라는 것, 국제적인 조직에서도 돈이 있는 사람은 일을 하지 않는다는 것을 알았습니다. 1997년 우리 상당수가 쫓겨나는 걸로 마무리된 그린피스 내부의 권력투쟁에 나도 휩쓸려 들어갔으니까요.

한층 안정된 문화, 주로 백인 중산층의 준거기준에서 시작되지만, 환경운동은 대륙의 생존의 중심이며 결국 사람들은 환경운동을 통해서 땅과의 관계를 회복하게 된다고 나는 굳게 믿습니다.

여성운동에 대해서는 솔직히 잘 모릅니다. 하지만 페미니스트들이 가부장적 제도만이 아니라 풍요가 어디에서 오는지, 그리고 그 풍요가 사람 및 땅과 어떤 관계를 맺고 있는지에 대한 지배적 패러다임에 도전하고 있다는 건 압니다. 내 생각에는 이런 관점이 문제의 근원에 도달할 수 있는 유일한 방법입니다. 그렇다고 권좌에 백인 남성 대신 백인 여성을 두자는 건 아닙니다. 그렇게 해도 원주민과 제3세계 사람들이 처한 상황이 질적으로 바뀌지는 않습니다. 여성운동권 내에서 어떤 형태로든 조치가 필요한 쟁점들이 폭넓게 토론되는 것 같지는 않습니다. 하지만 그런 토론이 점점 많아지리라 기대합니다.

사우스_ 선생님은 자신을 좌파라고 생각하시나요?

라듀크_ 그렇지 않습니다. 오늘 나는 어딘가에서 강연을 했습니다. 한 남자가, 내가 급진주의자로 보인다며 오늘처럼 말하면 보수주의자들이 나를 적대시할 거라고 말하더군요. 정말 아이러니했습니다. 나는 나 자신을 보수주의자라 생각하기 때문입니다. 제 생각에 대부분의 원주민은 보수주의자입니다. 그들의 보수성은 지난 50년 동안 문화·과학기술·사회·생태 분야에서 일어난 거대한 변화가 전혀 보수적이지 않다는 인식에서 비롯되었습니다. 변화는 철저히 급진적이었습니다. 무서울 정도였죠. 너무 심했어요.

소위 '보수주의자'들은 축적된 무수한 화학물질들이 생물 형태에 어떤 악영향을 미치는지 모릅니다. 또 그들이 산업이란 형태로 만들어낸 혼란을 어떻게 바로잡아야 하는지도 모릅니다. 그런데도 자신들을 보수주의자라고 자처합니다. 그들은 엄격한 의미에서 보수주의자가 아닙니다. 지금까지 그들이 내린 결정들만 보더라도 그들은 반反 보수적인 사람들입니다.

진정으로 보수주의적인 결정이라면, 원주민들이 말하는 내용과 비슷해야 할 겁니다. 원주민들은 오늘 내린 결정이 일곱 세대 후에 어떤 영향을 미칠지 생각해보라고 말합니다. 이것이 보수적인 결정 방법입니다. 내가 주장하는 것도 바로 그런 것입니다.

나는 우파 조직보다 좌파 조직과 더 자주 힘을 합해 일했습니다. 대체로 현재의 패러다임과 권력 구조에 반발하는 사람이 좌파에 많기 때문일 겁니다. 나는 기존의 구조를 완전히 바꾸고 싶습니다. 현재의 구조는 지속가능하지 않기 때문입니다.

사회주의냐 공산주의냐 자본주의냐, 또 좌파냐 우파냐 하는 질문은 중요하지 않습니다. 정말로 중요한 문제는 산업사회를 선택할 것이냐, 아니면 흙에 기반을 둔 사회를 선택할 것이냐 하는 겁니다. 자본주의와 공산주의는 부를 어떻게 분배하느냐에 초점을 맞춥니다. 상류층이 부유해지고 나면 부가 자연스럽게 아래로 전달된다느니, 부의 창출을 위해 일한 사람들이 처음부터 부를 나누어 가져야 한다느니 하면서요. 하지만 우리는 그 부가 어디에서 오는지를 먼저 물어야 합니다. 사회는 그 부에 관해 어떤 권리를 가지나요? 사회와, 그 사회가 부를 창출해내는 땅은 어떤 관계를 맺어야 할까요? 우리는 이런 질문에 먼저 답할 수 있어야 합니다.

사우스_ 풀뿌리 행동주의자들이 이룬 성과 중 어떤 것에서 선생님은 미래의 희망을 보십니까?

라듀크_ 나는 우리 공동체가 1,300에이커의 땅을 되찾는 과정을 쭉 지켜보았습니다. 또 우리 보호구역에서 생산된 작물을 적정한 가격에 판매할 수 있게 됐습니다. 10년 전에는 파운드당 50센트에 불과했지만 이제는 파운드당 5달러를 받습니다. 우리 언어도 많이 되찾았습니다. 또 의식에 사용하는 북 하나를 돌려받기도 했습니다. 이 모두가 우리 문화를 상당히 회복했다는 중요한 증거들입니다. 1996년에는 부패한 부족 정부를 쫓아냈습니다. 20년간의 투쟁 끝에 거둔 성과였습니다. 이제 우리는 우리에게 적합한 정부 형태가 무엇인지를 두고 부족의 새 정부와 싸우고 있습니다.

나는 여러 곳에서 공동체들이 개발계획에 저항하는 현장을 지켜보았습니다. 제임스 만 2차 개발계획이 대표적인 예입니다.

그런데 지금 제임스 만 3차 개발계획이 진행 중에 있습니다. 근본적인 쟁점, 즉 '퀘벡이 지향하는 개발 정책의 목적은 무엇인가? 자유무역과 관련해 미국과 캐나다의 관계는 어떠한가?'라는 쟁점이 진지하게 다루어지지 않은 탓에 이런 문제가 계속 발생하는 겁니다. 하지만 오합지졸이라고 불리던 운동가들과 인디언들이 북아메리카의 가장 큰 공익사업에서 승리를 거두기도 했습니다. 바람직한 현상이지요.

사우스_ 지난 20년 동안 행동주의자와 진보주의자가 배우지 못한 교훈이 있다면 어떤 것이 있을까요?

라듀크_ 시에라클럽 Sierra Club*에서 진행된 이민 관련 토론이 어떤 지표가 된다면, 나는 환경 정책에 심각한 문제가 있는 게 분명하다고 생각합니다. 나는 시에라클럽에 이렇게 묻고 싶습니다. 대부분의 원주민도 같은 의문이 들 것입니다. 제길, 노대체 누구에게 이민에 관해 묻는 겁니까? 즉, 누가 백인들에게 다른 사람들이 이 땅에 들어올 권리를 결정할 권한을 주었습니까?

두 번째 의문은 이런 겁니다. 이 나라에 들어오는 사람은 대부분 좋아서 온 게 아닙니다. 그들은 환경적·경제적 난민으로 전

---

* 천연자원 보존을 위해 활동하는 미국의 단체로 샌프란시스코에 본부가 있다.

락했기 때문에 이 땅에 옵니다. 누가 그들을 난민으로 만들었습니까? 바로 당신들의 정부입니다! 이 문제를 해결하고자 한다면 당신들이 그들을 책임져야 합니다. 다른 사람들을 비난하지 말고요! 여기에 문제의 핵심이 있습니다. 결국 개개인의 책임입니다. 대부분의 환경운동가, 대부분의 백인이 누리는 특권의 수준만큼 책임감을 가져야 합니다.

사람들은 흔히 '나는 관심 있는 쟁점에만 몰두하고 싶다. 연대해서 일하기는 어렵다'라고 말합니다. 맞습니다, 연대해서 일하는 건 정말 힘듭니다! 하지만 우리 같은 원주민 공동체나 사파티스타Zapatista* 같은 공동체와 연대하면 정말 도움이 될 겁니다. 우리 같은 공동체가 투쟁할 때 무기를 들 수밖에 없게 만드는 것은 바로 당신들의 정부입니다. 이기심을 극복해 당신 같은 시민들의 힘을 실질적으로 활용할 줄 알아야 합니다.

또 다른 문제는 많은 사람이 균형 잡힌 시각을 잃었다는 겁니다. 단기적으로 생각하는 것이 미국 문화의 특징이 돼버렸습니다. 이런 이유에서 역사를 배우라고 충고해주고 싶습니다. 역사에 책임감을 가져야 합니다. 변하는 데 오랜 시간이 걸리는 것도 있다는 걸 인정해야 합니다. 미국 역사를 보면 알겠지만, 민중은

* 1994년 멕시코 남부에서 무장봉기한 원주민 주체의 농민 조직.

많은 권리를 투쟁해서 얻어냈습니다. 이 시대의 사람들은 그 사실을 잊어버린 채 그 많은 권리가 당연히 주어진 것이라 생각하면서 투쟁이 조금만 길어져도 금세 지쳐버립니다. 변화를 이루어내는 데는 오랜 시간이 걸립니다. 우리는 50개년 계획, 심지어 100개년 계획이라도 가져야 합니다.

국가에 충성하는 애국자가 아니라 땅에 충성하는 애국자가 되어야 합니다. 어디든 찾아서 살아보십시오. 진보주의자들은 '나는 멋진 공동체를 꾸리고 싶어' 혹은 '이것도 저것도 다 마음에 들지 않아!'라고 말합니다. 어디든 찾아내서 그곳에서 살겠다고 크게 외치십시오. 그리고 그곳을 좋은 곳으로 만들어가십시오. 그곳을 이른바 '정치적 정당성 political correctness'*으로 자기만의 좁은 울타리로는 만들지 마십시오. 그래봤자 외롭기만 합니다.(웃음)

대안을 찾아내야 합니다. 문제가 무엇인지 논리적으로 분석하는 데 그쳐서는 안 됩니다. 해결책을 생각해내야 합니다. 모두가 해결책을 생각해내려 힘써야 합니다. 당신과 나, 우리 모두가 나이키와 월마트, 제너럴일렉트릭 등의 대기업이 미래의 목표를 세우고 그 목표를 실현하기 위해 노력한다는 걸 압니다. 우

* 무언가를 주장할 때 편견이 담기지 않도록 언어를 선택하고 사용하는 것. 그러나 자신과 정치적 견해가 다른 사람을 비난하는 데 악용되기도 한다.

리도 그래야 합니다. 진보주의자나 좌파임을 자처하는 많은 사람이 비판하는 데만 혈안이 돼 있습니다. 해결책은 무엇입니까? 여러분의 목표는 무엇입니까? 우리의 지향점이 분명하게 보이지 않는다면 사람들은 변하지 않을 것입니다.

우리 원주민 공동체에서 어떤 사람이 이렇게 말하더군요. 우리 원주민은 억압받고 있다는 걸 알면서도 무력감에 사로잡히지 않지만, 백인은 억압받지 않으면서도 무력감에 사로잡혀 산다는 점에서 백인과 인디언 원주민이 다르다고요. 무력감을 떨쳐내십시오. 지배계급이 여러분에게 가르친 허황된 신화 중 하나가 바로 여러분에게는 힘이 없다는 겁니다. 힘은 야만적인 무력이나 돈이 아닙니다. 힘은 우리 정신에 있습니다. 힘은 우리 영혼에 있습니다. 우리 선조, 우리 어르신들이 우리에게 준 것이 바로 힘입니다. 힘은 땅에 있습니다. 우리와 땅의 관계 안에 힘이 있습니다. 우리가 올바르게 살면 힘은 저절로 생깁니다.

사우스_ 요즘 젊은이들의 행동이 선생님 세대와 특별히 차이가 있다고 느끼시는지요?

라듀크_ 요즘의 진보적인 환경단체는 냉소주의에 사로잡힌 것처럼 보입니다. 또 많은 젊은이들이 특정 분야에만 집중하는 경향도 눈에 띕니다. 하지만 그들에게서 뜨거운 사랑과 열정도 확인할 수 있습니다. 또 생각이 깊은 젊은이도 많다는 걸 알고 있습니다. 따라서 나는 그들에게서 큰 희망을 봅니다.

사우스_ 진보주의자와 행동주의자만이 아니라, 주류 미디어도 선생님에게는 상당히 호의적입니다. 지도자로서 선생님의 역할에 대해서는 어떻게 생각하십니까?

라듀크_ 당신도 알겠지만, 리더십은 묘한 것입니다. 나는 나 자신을 지도자라고 생각해본 적이 없습니다. 그냥 책임감 있는 어른이라 생각할 뿐입니다. 내가 일곱 살과 아홉 살 난 자식을 둔 부모로서 아이들의 조직이 폴리염화바이페닐에 얼마나 오염됐는지보다 아이들이 아침에 먹는 시리얼에 설탕이 얼마나 함유돼 있는지를 더 신경 쓴다면 나는 무책임한 어른일 겁니다. 그건 정말 무책임한 행동입니다. 사람들은 지도자를 원합니다. 하지만 나는 책임감을 가졌을 뿐입니다. 우리 모두가 책임감 있는 어른이 돼야 합니다.

미디어가 나에게서 우리가 하는 일을 취재하고 보도하는 것도 중요합니다. 물론 초점은 내가 아니라 우리 일이어야 합니다. 나를 통해 우리가 하는 일에 대한 보도가 많아진다면 그것으로 충분합니다. 물론, 그들이 나를 유명인으로 만들 위험도 있기는 합니다. 나는 많은 면에서 상당히 평범한 사람입니다. 그리고 유명해지고 싶지도 않습니다. 나에게는 내가 속한 공동체의 구성원들이 나를 어떻게 봐주는지가 중요합니다. 내세를 향한 영혼의 길을 걸어갈 때 내 조상들을 만나 '나는 최선을 다해 노력했습니다'라고 자신있게 말하고 싶습니다. 그것이면 충분합니다. 더 큰 욕심은 없습니다.

사우스_ 선생님의 100년 계획은 어떻게 되십니까? 100년 후에 선생님의 공동체는 어떤 모습일 거라고 생각하십니까?

라듀크_ 우리 땅을 회복하고 또 생태적으로 건강한 풍습과 문화에 바탕을 둔 공동체를 회복하는 겁니다. 이 둘은 맞물려가는 거니까요. 언어도 회복해야겠지요. 송전선이 모두 사라지고, 대신 풍차가 여기저기서 돌 겁니다. 적합한 수준의 과학기술을 생각해내고, 보호구역 안이나 인근에 위치한 비원주민 공동체들과 돈독한 관계를 재확립할 겁니다. 물론 지금처럼 불평등한 관계가 아니라 공평성에 기초한 관계여야 합니다. 백인들이 우리를 고용하는 것이 아닌, 우리에게 도움을 받는 관계가 돼야 할 겁니다. 또 원주민끼리도 관계를 복원해야 합니다.

나는 '작은 것이 아름답다'고 믿습니다. 원주민 공동체에서 중요한 게 하나 있다면, 수천 년 동안 우리는 '계획 공동체intentional community'로 살아왔다는 사실입니다. 따라서 우리는 똑같은 방식으로 농촌 공동체를 회복해야 합니다. 공동체를 만드는 목적은 거기에서 살기 위함입니다. 지금 우리가 사는 공간은 사회society일 뿐, 공동체community가 아닙니다.

사우스_ 끝으로, 요즘에는 어떤 일을 하고 계시는지 말씀해주십시오.

라듀크_ 보호구역에 기반을 둔 조직인 화이트 어스 토지 회복 프로젝트를 맡고 있습니다. 또 격년으로 인디고 걸스와 순회공연을 하고, 풀뿌리 원주민 환경 프로젝트를 지원하기 위해 모금을 하며, 이런저런 정치적 제안을 하는 '대지를 존중하라'라는 단체도 운영하고 있습니다. 올해는 핵폐기물 정책을 연구하며, 핵폐기물을 대거 유카 산으로 옮기려는 정부 계획을 중단시키려고 투쟁하고 있습니다. 유카 산을 중심으로 반경 1.5킬로미터 안에 약 5,000만 명이 살고 있거든요. 핵폐기물의 양은 드럼으로 3만~9만 대 수준으로 추정됩니다. 정말 무책임한 계획이 아닐 수 없습니다. 또 장기적으로 들소를 살리기 위한 사업 지원에도 힘쓰는 중입니다. 아마 상당한 시간이 걸리겠지요…….(웃음)

벨 훅스

절망의 시기에
희망만큼 중요한 것은 없다

bell hooks

벨 훅스(1952~)는 작가, 페미니스트, 문화비평가이자 사회운동가이다. 본명은 글로리아 진 왓킨스Gloria Jean Watkins로, 벨 훅스라는 필명은 그녀의 증조할머니 이름에서 따왔으며 지배 권력에 저항한다는 의미에서 의도적으로 소문자를 사용하고 있다. 1952년 켄터키 주 홉킨즈빌의 노동 계급 가정에서 태어난 벨 훅스는 열렬한 독서광으로 자라났다. 스탠퍼드 대학에서 영문학을 전공했고, 위스콘신 대학에서 석사 학위를, 산타크루즈 대학에서 박사 학위를 받았다. 예일 대학과 오벌린 대학, 뉴욕 시립대학에서 영문학과 교수를 역임하였으며, 현재 베레아 대학의 영문학과 특별 교수로 재직하고 있다. 그녀는 페미니스트 이론과 페미니스트 운동을 널리 알리는 데 앞장섰고, 지금도 전국을 순회하며 강연하는 스케줄을 소화하느라 바쁘게 활동하고 있다.

처녀작인 《나는 여자가 아닙니까》는 《퍼블리셔스위클리Publishers Weekly》에서 지난 20년간 가장 큰 영향력을 지닌 여성 작가의 책 20권 중 하나로 선정됐다. 그 외 저서로 《올 어바웃 러브All about Love》, 《행복한 페미니즘Feminism is for Everybody》, 《벨 훅스, 계급에 대해 말하지 않기Where we stand》, 《벨 훅스, 경계 넘기를 가르치기Teaching to Transgress》 등이 있다.

신세대 남성들이 곧 30대가 될 겁니다.
그들은 페미니스트 사고방식으로 변화된 세상에서 태어난 남성들입니다.
나는 거의 마흔 살이 되어서야 여성 조종사를 보았습니다.
하지만 지금 우리 사회에는
어머니가 여성 조종사인 남성들도 있습니다.

사우스 엔드_ 흑인 페미니스트로서 선생님의 활약은 많은 젊은 유색인 페미니스트에게 귀감이었습니다. 선생님은 20대 초반에 첫 책인 《나는 여자가 아닙니까》를 썼습니다. 선생님이 정치관을 형성했을 때와 비교할 때, 오늘날 젊은 진보적 행동주의자들이 식견한 정치와 문화에서 선생님 세대와 다른 점이 있는지요?

벨 훅스_ 오늘날 정치 풍조에서 가장 눈에 띄는 차이 중 하나는, 비판적 의식을 키우기 위한 집단적 지원이 많이 부족하다는 점입니다. 공동체와 기관에서도 그렇고 친구들 사이에서도 그렇습니다. 예를 들어 내가 스탠퍼드 대학교에서 정치 의식의 하나로 페미니스트 의식을 키워갈 때는 캠퍼스 곳곳에서 페미니즘에 대해 토론하는 소리를 들을 수 있었습니다. 여성들은 기숙사에서 조직을 결성했고, 남성 중심의 커리큘럼에 항의했습니다. 당시에는 정치의식을 형성할 만한 전반적인 지원이 있었지만, 요즘은 학교에서 그런 집단적 지원을 느끼기 힘든 게 사실입니다.

사우스_ 그런 변화의 원인이 무엇이라고 생각하십니까?

훅스_ 흑인 연구와 페미니즘 연구 등이 제도화되면서 많은 사람이 투쟁은 이제 끝났으니 개인적으로 의식을 고양하고 관점을 변화시키려는 노력을 계속할 필요가 없다는 생각을 품게 됐습니다.

사우스_ 선생님은 정치의식을 고양하는 데 어디에서 영향을 받으셨습니까? 선생님의 책이나 글을 보면, 선생님은 여성으로서, 작가로서, 또 평론가와 정치사상가로서 눈뜨고 성장하는 과정을 강조했습니다. 그 과정에 대해서도 말씀해주시겠습니까?

훅스_ 내가 예나 지금이나 관심을 갖고 글을 쓰는 쟁점 중 하나는, 우리가 좌파로서 혹은 페미니스트로서 정치적 입장을 밝히기 위해 어떤 단어를 사용할 때, 그 단어가 명확히 뜻하는 저항의 수준에 먼저 이르러야 할 필요는 없다는 겁니다. 나는 가부장적인 환경에서 자라면서 저항의식을 고양해왔다고 누누이 말했습니다. 하지만 페미니스트 운동이 조직화된 후에야 그 저항에 적절한 이름을 붙일 수 있었습니다.

내가 페미니스트 운동에 뛰어들기 전에 내 삶에 가장 큰 영향을 미친 사회정의를 위한 운동은 1960년대의 민권운동, 1960년대의 흑인권력운동 Black Power Movement이었습니다. 차별을 금지하고 처벌하는 법이 엄연히 존재했지만, 내가 자란 도시도 남부의 많은 도시처럼 인종차별이 극심했으니까요. 나는 미국의 다른 곳에 비해 뒤늦게 흑백이 통합된 학교를 다녔고 그런 환경에서 자랐습니다. 지금도 분명히 기억하는데, 열여섯 살 때 주州 방위군과 함께 등하교하면서 우리가 흑인인 까닭에 많은 점에서 편안한 삶을 희생해야 한다는 생각을 떨칠 수 없었습니다. 그 전에는 확실한 소속감을 느낄 수 있는 흑인 학교에 다녔으니까요.

그때부터 나는 이 사회에 인종차별과 백인 우월주의 간의 엄청난 딜레마가 존재한다는 걸 자각하기 시작했습니다. 십대 소녀에 불과했지만, 피부색에 따라 인간을 차별하는 사회적 인습이 계속되는 한 정부가 인종차별과 인종적 우월감을 종식하기 위해 어떤 법을 규정해도 우리 삶은 변하지 않는다는 현실에 직면해야 했습니다. 나는 보수적인 백인들의 안하무인한 태도, 즉 유색인을 차별하지 말라는 정부의 호소에 신경조차 쓰지 않는 인종차별주의자인 남부 백인들을 실감했습니다. 그들은 과거부터 그들의 삶을 지배해온 원칙대로 계속 흑인을 차별했고, 정부

명령에는 아랑곳하지 않았습니다. 우리 삶에서 사회적 관습을 지배하는 정치 이데올로기로서의 백인 우월주의가 국가의 어떤 강제 규정보다 다수의 백인들에게 더 강력한 걸 깨닫고서야 나는 진정으로 정치에 눈을 떴습니다.

그 당시와 비슷한 정치적인 혼란 상태, 보수주의자들의 안하무인이 요즘에는 군국주의적이고 인종차별적인 백인 단체, 신나치당 등 조직화된 백인 우월주의의 형태로 부활하며 정부에 대항하고 있는 듯합니다.

사우스_ 선생님은 인종차별적인 환경을 이겨내고 자유주의가 지배하는 대학에 진학한 후에 맞닥뜨린 갈등에 대해서도 말씀하셨습니다. 어떤 문제가 있었는지 말씀해주시겠습니까?

훅스_ 스탠퍼드에 진학하려고 남부에서 캘리포니아로 옮긴 후에 나는 미국의 인구 분포와 지리적 위치에 대해서, 정확히 말하면 지리적 위치가 인종·젠더·계급이라는 쟁점에 대해 사람들의 생각에 미치는 영향의 정도를 의식하게 됐습니다. 보수적이고 지역적이며 근본주의적인 기독교가 기반인 남부에서, 당시에는 실리콘밸리가 없어 노인들이 많았지만 자유민주적 분위기가 감도는 팰로앨토로의 이주는 내게 크나큰 변화였습니다.

하지만 그 변화는 나로 하여금 계급 현실을 깨닫게 해주었습니다. 지금은 많은 사람이 잊고 지내지만, 우리가 미국에서 인종차별을 절대적인 규범으로 인정하던 시대에 흑인들이 서로 떨어져 사는 건 거의 불가능했습니다. 따라서 노동자계급과 가난한 흑인 공동체에서 완전히 떨어져 나온 흑인 중산층 공동체나 상류층 공동체는 상상할 수 없었습니다. 흑백통합정책이 시행되면서 흑인들이 분화되는 조짐을 보이기 시작했고, 흑인들이 흑인 공동체에서 조금씩 벗어나 지금과 같은 결과에 이르렀습니다. 흑인들이 공동체에서 벗어난 이유는 모두가 흑인인 공동체에서 다양한 사회적 지위를 경험하지 못했기 때문이 아니었습니다. 오히려 흑인들이 계급을 아우르는 삶을 훨씬 처절하게 경험했기 때문입니다.

사우스＿ 선생님은 정치의식을 뜻하고 표현하는 단어를 쓰지 않더라도 정치의식을 지닐 수 있다고 말씀하셨습니다. 선생님의 글은 스스로를 진보주의자라고 생각하지 않는 독자들에게도 읽힌다는 점에서 주목할 만합니다. 좌파가 좌파의 주장에 동조하지 않는 사람들에게 파고 들어가기에는 한계가 있다고 생각하십니까?

훅스＿ 좌파가 미국 대중들에게 다가설 때 직면하는 가장 큰 어려움 중 하나는 영성, 즉 종교적 삶에 대한 깊은 불신입니다. 예일 대학교 법학교수인 스티븐 카터Stephen Carter는 《불신의 문화 The Culture of Disbelief》에서, 미국 국민의 80퍼센트가 유대교와 기독교, 이슬람교, 불교 같은 종교적 믿음을 갖고 있다고 했습니다. 좌파는 이런 현실을 인정하고 종교 문제를 심각하게 고민해 봐야 합니다.

사우스_ 페미니스트 운동이 인종 면에서 여러 분파로 나뉜 걸로 알고 있습니다. 예컨대 백인 중산층 페미니스트 운동 조직은 유색인 여성 문제를 거의 언급하지 않습니다.

훅스_ 페미니스트 운동을 다루는 대중매체의 반응에서 가장 큰 문제점 중 하나를 지적하셨습니다. 유색인 여성은 페미니즘을 말하면서 인종 문제에 대한 각성을 촉구하고, 또 계급에 대한 인식을 요구하기도 합니다. 그러나 개량적인 입장을 취하는 백인 페미니스트들이 만들어내는 매체들, 예컨대 그들이 출간하는 책이나, 그들이 주관하는 컨퍼런스를 비롯해 상당한 규모의 주류 매체들은 유색인 여성, 특히 흑인 여성이 언제나 계급에 대한 인식을 촉구한다는 사실을 인정하지 않으려 합니다. '인종차별을 반대한다면 인종 문제에만 신경을 쓰라고!'라는 간섭만 있었던 것은 아닙니다. 인종과 계급은 서로 긴밀히 연결돼 있어 계급을 말하지 않고는 인종을 정확히 말할 수 없다는 인식도 예전부터 있었습니다. 유색인 여성이 특권계급, 백인 페미니즘을 비판하면, 대부분이 그 비판을 인종차별에 대한 비판으로 받아들입니다. 하지만 실제로는 그렇지 않습니다. 그 비판은 계급과 인종의 역학 관계에 대한 깊은 인식에 뿌리를 둔 것입니다.

사우스_ 정체성 정치에 대한 일부 좌파의 비판도 그런 관점에서 봐야 하지 않을까요?

훅스_ 맞습니다. 아메리카 원주민 사상가를 예로 들자면, 원주민이 이 문화에서 처한 운명을 얘기할 때 계급의 가혹한 현실을 언급하지 않는 원주민 사상가는 없습니다. 뚜렷한 계급 장벽의 현실을 거론하지 않고는 원주민의 상황을 정확히 말할 수 없기 때문입니다. 미국 정부가 원주민의 땅을 착취한 것은 인종차별이기도 하지만 계급 차이를 확고히 하려는 전략이기도 했다는 사실을 언급하지 않고 어떻게 원주민의 현실을 정확히 선날할 수 있겠습니까? 유색인 좌파인 우리도 계급이란 문제를 거론하지 않을 수 없는 입장이었던 겁니다. 하지만 이상하게도 우리는 계급 문제를 거론하지 않는 사람들로 인식돼 있습니다. 우리가 계급을 이야기할 때 급진적 백인 좌파의 언어와 용어를 사용하지 않기 때문일 겁니다.

사우스_ 좌파가 아직 받아들이지 못한 다른 교훈들로는 뭐가 있을까요?

훅스_ 좌파, 특히 좌파를 자처하면서 특권계급에 있는 사람들은 다양한 해방 투쟁들을 실질적으로 연결시키는 고리, 또 사람들을 서로 긴밀하게 이어주는 고리가 뭔지 모르는 것 같습니다. 예컨대 복지정책에 관한 헨리 루이스 게이츠 주니어Henry Louis Gates Jr.와 코넬 웨스트Cornel West의 입장이나, 복지정책을 비판하고 군국주의와 제국주의를 지지했다는 점에서 정치적으로 무척 보수적이었던 백만인 걷기 대회Million Man March에 코넬 웨스트를 비롯한 많은 좌파가 참여한 것을 보고 나는 무척 실망했습니다. 왜 실망했냐고요? 흑인이든 유색인이든 또 영향력 있는 백인 좌파 대변인이든, 그들의 발언에서 남성과 여성의 의미 있는 정치적 연대를 가로막는 왜곡된 관점, 결국 우리의 관심사를 항상 갈라놓는 가부장적 시각을 여실히 보았거든요.

사우스_ 무엇 때문에 선생님은 그런 불화의 씨앗을 다루는 대화와 논쟁에 계속 참여하시는 겁니까?

훅스_ 논점의 변증법적인 교환이 참여의 출발점입니다. 나는 코넬 웨스트를 비롯한 흑인 남성 사상가들, 상대적으로 보수적인 스탠리 크라우치Stanley Crouch, 편견에 사로잡힌 아돌프 리드Adolph Reed 등과 의견을 달리 하지만, 대화의 공간을 열어놓는 것이 무엇보다 중요하다고 생각합니다. 대체로 대부분의 흑인 남성 사상가들은 흑인 여성과 대화하는 데 관심을 보이지 않습니다. 코넬 웨스트가 하버드 같은 가부장적인 백인 주류 제도권 내에서 굳건히 자리를 잡으면서, 많은 쟁점에서 그와는 다른 의견을 지닌 나와 같은 진보적 사상가들과 경계를 허물고 대화하는 걸 꺼리게 된 건 당연하다고 생각하긴 합니다.

사우스_ 선생님은 좌파의 어떤 업적에서 미래의 희망을 보십니까? 좌파가 성공할 여지는 어디에 있을까요?

훅스_ 인종차별, 계급의 엘리트주의, 동성애 혐오증을 포함한 성차별을 비판하고 그 문제들에 적극적으로 개입한 만큼, 혁명적 페미니즘이 미국에서 가장 좌파다운 좌파 운동이라는 걸 이제 모두가 인정해야 합니다. 전통적인 백인 남성 좌파 지도부는 가부장적 제도에 대한 미련을 완전히 버리지 못했고, 따라서 우리에게 진정한 해방이란 희망을 안겨주지 못했습니다. 급진적인 백인 남성 지식인 좌파들이 제시한 경제 개념도 인종과 젠더의 역학 관계에 대한 슬기로운 이해를 보여주지 못했습니다. 내가 보기에 남성 지배적인 좌파 사상이 진정으로 반反가부장적이었던 경우는 전혀 없었습니다. 노엄 촘스키 같은 사상가들을 언급하며 내게 반박할 사람도 있을 겁니다. 촘스키의 책에서 내가 많은 영향을 받고 많은 영감을 얻은 것은 사실이지만, 그의 저서를 찬찬히 읽어보면 그가 언급하는 사람들은 거의 언제나 남성이고, 젠더의 문제는 언제나 종속적입니다. 따라서 개량적 reform 페미니즘과 혁명적revolutionary 페미니즘을 구분한다면, 급진적이고 혁명적인 페미니즘이야말로 좌파 정치이고, 현대의 사회운동에서 희망의 메시지를 광범위하게 전달한다고 나는 굳게 믿습니다.

    그 이유를 말해볼까요. 혁명적인 좌파 페미니즘 정치는 여성과 남성 간의 임금 격차 문제를 진지하게 다룰 여지를 열어주었습니다. 또 우리가 가부장적인 가족의 부양 구조, 집과 밖에서 자행되던 폭력을 비판할 여지를 만들어주었습니다. 혁명적인 페미니즘은 남성성을 신랄하게 비판함으로써 남성들에게 군국주의와 제국주의에 저항해야 하는 이유를 일깨워주었습니다. 그런데 급진적이고 혁명적인 좌파 페미니즘이 의제로 삼은 쟁점들을 다른 많은 조직이 도용하는 바람에 그런 조직들이 그 쟁점들을 주로 다루는 것처럼 세상에 알려져, 그런 장벽들을 진정으로 허물어뜨린 주역인 혁명적인 페미니스트들은 그다지 주목을 받지 못했습니다. 노동 현장의 여성의 운명에 대해서는 생각조차 않았던 노동조합이 이제 그 일을 맡고 있다는 것은 많은 사람이 알

벨 훅스

고 있지만, 페미니즘이 여성의 현실에 관심을 가졌기 때문에 노동조합이 거기에 눈을 돌렸다는 사실은 모르고 있습니다.

혁명적인 페미니즘은 사회정의를 위한 길고 길었던 투쟁의 하나로, 이 투쟁에 참여한 사람들은 실제 의식적으로 성장했습니다. 개량적인 페미니즘이 인종 문제를 어떻게 다루었고 혁명적인 페미니즘이 어떤 생각을 했는지 살펴보면, 혁명적 페미니즘은 특권계급에 속한 백인 여성이 결코 생각해낼 수 없는 일들을 해냈습니다. 이제 특권계급 출신의 백인 페미니스트도 인종과 계급이 중요하지 않다고 말할 수 없게 되었습니다.

혁명적 페미니즘은 사회변동에 대한 우리 생각과 전략이 잘못됐을 때 기꺼이 인정하기 때문에, 나는 혁명적 페미니즘이 어떤 좌파 정책보다 설득력 있다고 생각합니다. 일반적인 페미니즘이 누구에게도 책임을 묻지 않는 무과실 이혼을 지지하는 게 대표적인 예입니다. 페미니스트들은 무과실 이혼을 앞장서서 지지했지만, 무과실 이혼으로 더 큰 고통을 받는 사람은 언제나 여성이란 사실을 나중에야 깨달았습니다. 오랜 결혼 생활로 일을 하지 못한 탓에 남자만큼 돈을 벌 능력이 없으니까요. 하지만 페미니스트들은 이런 현실을 고려하지 않고, '우리는 전에도 이런 입장을 취했다. 이 입장을 고수해야 한다!'고 고집을 피웠습니다. 인간이라면 자신을 냉정하게 비판하며 '우리는 이 문제에 어떻게 접근해야 옳은지 전에는 몰랐다'고 인정할 수 있어야 합니다. 특권계급에 속한 백인 여성이 제3세계 및 다른 국가의 여성들을 보는 방식이 제국주의와 식민주의, 그리고 에드워드 사이드Edward Said가 정확히 지적한 '오리엔탈리즘'으로 왜곡됐다는 사실을 일찍부터 인식했다는 점에서 우리 혁명적 페미니즘은 자기비판적이었다고 말할 수 있습니다.

사회정의를 위한 혁명적 페미니스트 운동권 내에서 있었던 이런 자기성찰적 비판은 인정받지 못했습니다. 왜냐하면 주류 페미니즘에서는 혁명적 페미니즘을 글로리아 스타이넘Gloria Steinem이나 백인 어머니의 원형이라는 베티 프리단Betty Friedan 같은 자유주의 여성들이 선두에 서서 성장시키고 변화시킨 페미니즘 운동이라 생각하지 않았거든요. 하지만 주류에서 인정받지 못한 좌파 백인 여성이나 다른 집단의 여성들이 쓴 놀라운 글들이 많습니다. 백인 레즈비언 페미니스트로, 서구 여성들이 다른 지역의 유색인들에게 어떻게 접근하는지를 다루며 국제관계에 많은 관심을 가진 샬럿 번치Charlotte Bunch가 언뜻 생각나는군요.

사우스_ 요즘 젊은이들이 남성성과 젠더에 접근하는 방식에서 어떤 변화가 눈에 띄시나요? 신세대에게서 특히 어떤 변화가 눈에 띄십니까?

훅스_ 개량적이든 혁명적이든 페미니스트 운동의 가장 큰 방해물은 '페미니스트는 남자를 좋아하지 않는다'는 대중매체의 거짓말입니다. 대중매체는 이런 얘기로 우리를 끈질기게 들볶고 민중에게 거짓말을 해대지만 이것은 전혀 사실이 아닙니다. 페미니스트들은 남자들을 페미니스트적 사고방식과 활동에 끌어들이지 못하면 성차별의 근간을 변화시킬 수 없다는 걸 처음부터 잘 알고 있었습니다. 따라서 1970년대 초부터 중반 사이에 페미니스트 운동 안에서 남성의 위치에 대한 우리 생각이 크게 바뀌었습니다. 그리고 그에 대한 성과로 변화의 조짐을 조금씩 볼 수 있었습니다. 많은 남성, 특히 젊은이들이 페미니스트 사고방식에 관심을 보이며 여성학 강의를 수강하기 시작했습니다. 페미니스트들의 노력으로 일구어낸 변화였습니다.

신세대 남성들이 곧 30대가 될 겁니다. 그들은 페미니스트 사고방식으로 변화된 세상에서 태어난 남성들입니다. 나는 거의 마흔 살이 되어서야 여성 조종사를 보았습니다. 하지만 지금 우리 사회에는 어머니가 여성 조종사인 남성들도 있습니다. 따라서 남성으로 태어난 까닭에 자동적으로 성차별적인 사회, 즉 여성은 지적이지 못하고 남성처럼 일하지 못한다고 말하는 사회에 묻혀버리지 않은 세대가 처음으로 성인이 되는 시대에 접어들었습니다. 그들은 거짓말과 왜곡된 의식이 모든 차원에서 도전받는 세상에서 태어났습니다. 페미니즘이 지난 10년 동안 우리 문화를 위협하는 요인이 됐던 이유는 이런 신세대 젊은이들의 급진적인 비판 의식 때문입니다. 그들은 우리가 처음 페미니스트 사고방식을 접했던 열여덟 살 때만큼 대담하게 젠더를 비판합니다. 우리 문화, 특히 군국주의 문화에는 상당한 위협이지요. 우리 문화에서 세대를 막론하고 모든 남성의 마음과 정신을 지배하는 가부장적 남성성에 대한 신랄한 비판은 가부장 사회를 위협하기 때문에 격렬한 반발에 맞닥뜨리기도 합니다. 우리가 남성의 의식을 고양하려고 가장 공들였던 부분들, 즉 가정 폭력, 여성의 출산 결정권, 성추행 등에서 가부장적이고 반反페미니스트적인 반발이 심했던 건 우연이 아닙니다.

대중문화, 특히 영화에서 친제국주의적이고 친가부장적이며 남성성을 과시하는 영화, 남성 의식을 바탕에 둔 영화가 되살아난 것도 우연이 아닙니다. 물론 성차별에 의문을 제기하는 〈지 아이 제인G.I.Jane〉 같은 영화도 있었습니다. 하지만 결국 이 영화는 기존의 백인 우월주의와 자본주의 및 가부장적 구조를 인정할 뿐입니다. 따라서 〈지 아이 제인〉은 개량적 페미니스트적 사고방식이 어떻게 기존의 국가구조에 뒤섞이는지를 적나라하게 보여준 사례 중 하나입니다. 개량적 페미니스트들은 혁명적이고 근본적인 변화를 도모하려는 모든 형태의 운동에 실질적으로 참여하는 걸 거부하며 자신들의 입장을 되풀이할 뿐입니다.

사우스_ 문화평론가이자 저자로서 선생님은 예술과 정치의 관계를 통해 어떻게 혁명적인 변화가 부분적으로나마 일어날 수 있는지 연구하셨습니다. 정치 참여와 미학 평론 간의 경계선을 어떻게 걸을 수 있었는지 궁금합니다.

훅스_ 내게는 위대한 문학적 멘토가 둘이나 있었습니다. 로렌 핸즈베리Lorraine Hansberry*와 제임스 볼드윈James Baldwin**입니다. 두 분 모두 정치적으로 중립인 예술은 없다고 강력하게 주장했습니다. 또 두 분은 창조적인 작가이자 사회평론가였던 까닭에, 예술가는 예술의 고결함과 탁월함을 온전히 받아들이는 동시에 정치와 동떨어져 지낼 수 없다고 주장했습니다. 또 17, 18세가 됐을 때는 아밀카르 카브랄Amilcar Cabral***과 콰메 은크루마Kwame Nkrumah**** 같은 아프리카 사상가들을 삶의 멘토로 받아들였습니다. 그들은 비판적 사상가나 지식인을 다양한

- 아프리카계 미국인 극작가.
- 아프리카계 미국인 평론가·소설가.
- 기니비사우의 농업경제학자, 민족주의 정치가.
- 아프리카 통일 운동의 지도자, 가나의 초대 수상과 초대 대통령 역임.

자아를 지닐 수 있는 사람이라 생각했습니다. 문학적으로 뛰어난 능력을 발휘하는 동시에 창조적인 글을 통해 진보적인 가치와 믿음을 미학적으로 표현할 수 있는 사람들 말입니다.

나는 경계선을 걸었던 게 아닙니다. 정치와 예술의 경계선은 기존의 주류 문화가 조작해낸 거짓 개념에 불과합니다. 우리가 정치적 믿음과 미학적이고 예술적인 비전, 둘 중 하나를 선택해야 한다고요. 셰익스피어는 정치적 믿음과 예술적 비전 사이에서 갈등하지 않았습니다. 우리가 셰익스피어 연구를 통해 알고 있듯이, 그는 예술을 통해 자신의 정치관을 그대로 드러냈습니다. 그렇다고 작품의 예술성이 훼손되지는 않았습니다. 그런데도 좌파 예술가들이 예술 작품을 통해 그들의 정치관을 공공연히 표현할 때마다 작품성을 의심받습니다. 그러나 자신이 속한 계급을 그림에 완벽하게 드러냈던 네덜란드 화가 페르메이르 Jan Vermeer나, 제3세계와 제3세계의 여성을 식민주의와 오리엔탈리즘적 관점에서 독특하게 표현해낸 고갱 Paul Gauguin 같은 화가에게서 보듯이, 작품에 정치관을 담는다고 뛰어난 예술관을 우리에게 제시하는 예술가의 역량이 훼손되지는 않습니다. 그런데도 좌파가 예술의 표현에서 유사한 전략을 구사할 때마다 주류 문화는 그것을 꼬투리 잡아 작품성이 떨어진다고 비판합니다.

사우스_ 좌파 미디어는 특권계급에 속하는 백인 남성이 지배하는 데다 다양한 관점과 다양한 작가를 섭외하지 못한다는 이유로 많은 비판을 받고 있습니다. 이 분야의 움직임에 대해 아시는 게 있습니까?

훅스_ 그 분야에서는 별다른 움직임이 없는 것 같습니다. 그러나 미디어 분야의 좌파 조직이 모두 백인으로 이루어졌다는 건 큰 문제가 아닙니다. 이론적으로는 백인이라도 진보적이면, 즉 진정으로 혁명적인 의식화운동에 참여한다면 모든 걸 백인이 운영하는 환경이 문제될 것은 없습니다. 관점이 편향적이지 않다면 걱정할 게 없습니다. 흑인 여성인 내가 기업의 사장이나 대학교 총장, 또는 잡지의 발행인이 된다고 해도, 내가 흑인이라는 이유로 흑인이 관심 갖는 분야로만 잡지를 꾸미지는 않을 겁니다. 다양성은 중요하지만, 편향적이지 않은 진보적 행동을 위해서 여성이나 유색인 남녀가 반드시 있어야 하는 것은 아니라는 사실을 기억해야 합니다.

예를 들어 설명해보지요. 좌파 입장에서 글을 쓰는 것은 우리 문화에서 금전적으로 유리한 글쓰기는 아닌 게 계급적 현실입니다. 요즘 문단에 입문한 백인 청년 대다수가 경제적으로 혜택 받은 환경 출신입니다. 따라서 그들이 좌파 언론에서 일하면서 돈을 많이 벌지 못하는 것이 그들이 집을 장만할 수 없음을 의미

하지는 않습니다. 돈을 많이 버는 가족에게 금전적 지원을 받을 수도 있고, 상당한 재산을 물려받을 수도 있으니까요. 따라서 미국 좌파의 역사에서 우리가 겪은 어려움 중 하나는, 유색인과 가난한 백인을 금전적 보상이 전혀 없는 글쓰기와 문화 생산의 세계로 유인하기 어려웠다는 점입니다.

교수가 된 후 지금까지 그 자리를 지켜온 이유도 마찬가지입니다. 지금은 휴가 중이지만 여건만 허락하면 당장이라도 학계를 떠나고 싶습니다. 생계를 위해 가르치는 일에 의존할 필요가 없다면 기존 체제를 뒤엎는 글을 쓸 수 있는 시간적 여유가 있을 테니까요. 글을 쓰는 직업은 무척 호사스러운 직업입니다. 하지만 나는 그걸 전략적인 차원에서 말해보고 싶습니다. 나는 글쓰기가 밥벌이를 할 수 있는 직업이기를 바라며, 정치를 급진적으로 생각하고 글을 쓰는 세계에 들어선 것만은 아닙니다. 글쓰기가 밥벌이를 할 수 있는 직업이 아니라는 걸 알았기 때문에 이 세계에 뛰어들었습니다.

지배 문화를 종식시키려는 급진적인 정치적 열의가 아직 강렬히 살아 있고, 정의를 사랑하는 마음이 여전히 뜨겁기 때문에, 나는 생계비를 벌지 않아도 되는 시간을 투자해서 사람들에게 의미 있는 영향을 주고 사람들의 의식을 고양하는 일을 하고 싶은 겁니다. 그래도 나는 운이 좋아 글을 써서 상당한 돈을 벌 수 있는 역사적인 시대에 살고 있습니다. 10년 전만 해도 상황이 지금 같지 않았습니다. 이런 변화에서 많은 사람이 불평등의 속성을 이해하려고 애쓰고, 정치적으로 참여해서 저항하는 방법을 모색하고 있다는 증거를 읽어낼 수 있습니다. 무척 중요한 변화입니다. 희망의 징조이기도 하고요. 전반적인 사회 분위기가 환멸과 절망을 조장하는 시기에 급진적 변화를 위한 정치 투쟁에서 희망만큼 중요한 것은 없습니다.

바버라 에런라이크

정부가 내 편이 아니라면
더 대담하게

Barbara Ehrenreich

바버라 에런라이크(1941~)는 페미니스드로 민주사회주의자이다. 미국 몬태나 주에서 태어난 에런라이크는 '노동쟁의에 참여하지 않는 것과 공화당에 투표하는 것은 절대 안 된다'는 신념을 가진 부모 밑에서 자라났다. 리드 대학에서 화학을 공부하고 록펠러 대학에서 세포생물학 박사 학위를 받았지만, 과학 분야에서 길을 찾지 않고 주로 도시 빈민의 건강을 관리하는 NGO에서 일했다. 이후 전업 작가로 나선 에런라이크는 《뉴욕타임스 매거진 The New York Times Magazine》, 《워싱턴포스트 The Washington Post》, 《하퍼스 매거진 Harper's Magazine》 등과 같은 잡지에 논픽션 르포르타주, 에세이, 시론과 서평을 쓰며 이름을 날렸다. 뉴욕 대학에서 겸임 부교수를, 미주리 대학에서 초빙 교수를 맡았으며, 2013년 미국민주사회당의 명예 공동 의장이 되었다.

그녀의 책 《우리 인생에서의 최악의 시절 The Worst Years of Our Lives》은 《뉴욕타임스》에서 "우아하면서도 신랄하고, 도덕의 칼날을 세우며 격하게 분노하지만 참을 수 없을 만큼 재미있다"는 호평을 받았고, 《추락의 두려움 Fear of Falling》은 미국 도서 비평가 협회상 후보에 올랐다. 그 외의 저서로 《피의 제전 Blood Rites》, 《긍정의 배신 Bright-Sided》, 《노동의 배신 Nickel and Dimed》, 《희망의 배신 Bait and Switch》 등이 있다.

일부 원칙이 이런저런 이유에서 당장은 인기가 없더라도
원칙을 고수하는 게 중요합니다.
우리가 결코 포기해서는 안 될 핵심적인 원칙들이 있습니다.
경제 정의와 시민의 자유가 그것입니다.
여기에서 우리는 한 발짝도 물러서서는 안 됩니다.

사우스 엔드_ 1996년 11월, 선생님은 1992년에 좌파가 '치명타'를 입었다고 말씀하셨습니다. 진보 진영의 지도부가 클린턴의 '집권' 유혹에 넘어간 때였습니다. 그 이후로 많은 진보주의자가 행정부를 정치적 쟁점으로 삼는 걸 포기했지만, 좌파의 소생 조짐이 조금이나마 보입니다. 노동운동의 활성화와 1997년의 UPS 파업이 대표적인 예일 겁니다. 선생님은 좌파가 소생했다고 생각하십니까?

바버라 에런라이크_ 클린턴 정부와의 밀애는 사실상 끝났다고 생각합니다. 하지만 1992년부터 1996년까지 많은 좌파 인사가 비판의 목소리를 죽이고 행동을 자제하면서 그에게 기회를 주었습니다. 오랜 시간을 공허하게 보낸 셈이지요. 이제 제자리로 돌아왔느냐고요? 글쎄, 잘 모르겠습니다.

솔직히 말해서 나는 노동계의 처신에 박수를 보내고 싶지는 않습니다. 오히려 AFL-CIO가 1996년에 민주당 진영에 3,000만 달러를 지원한 게 비극이었다고 생각합니다. 그 3,000만 달러를 사람들을 조직하는 데 썼다면 얼마나 좋았을까요?

개혁을 했다는 전미 트럭 운전자 조합Teamsters Union 내에서 터진 스캔들도 달가운 소식은 아닙니다. '돈이 개입된 선거에는 그런 부정직한 놈들이 있기 마련이야'라고 말하는 사람이 많습니다. 하지만 노동조합은 민주당보다는 도덕적이어야 합니다. 적어도 개혁을 했다는 노동조합이라면요. 또 트럭 운전자 조합이 UPS 파업 기간에 파업 수당을 주지 못할 뻔했다는 얘기를 듣고는 크게 실망했습니다. 그 파업이 1주일 더 계속됐다면 어떤 일이 벌어졌겠습니까? 수십만 달러가 노동조합 금고에서 론 케리Ron Carey*의 재선을 위한 선거 자금으로 빠져나간 것 같습니다. 정말 맥 빠지는 일입니다.

사우스_ 좌파의 문제가 뭐라고 생각하십니까? 조직의 문제뿐만 아니라 이론적인 문제도 있는 것 같습니다. 선생님은 1995년에

- 전前 트럭 운전자 조합장.

좌파라면 '현혹된 포퓰리즘deluded populism'과 '역사의 불가피성'이란 생각을 버려야 한다고 말씀하셨습니다.

에런라이크＿ 우리는 소수집단이 되는 것에 익숙해져야 합니다. 언젠가는 자신에게 닥칠 문제이니까요. 이상하게 들리겠지만, 우파는 정권을 잡았을 때도 자신들을 공격받는 소수집단이라 생각합니다. 모든 것을 움켜쥔 엘리트계급에 대항해서 싸우는 소수집단이라고 말입니다. 반면에 좌파는 아무런 힘이 없을 때도 국민 다수를 대변한다고 착각합니다. 거울을 보고 착각에 빠진 사람과 다를 바가 없습니다.

일부 원칙이 이런저런 이유에서 당장은 인기가 없더라도 원칙을 고수하는 게 중요합니다. 예컨대 일부 진보 인사들은 우파의 집권을 보면서도 '그래, 우리는 경제 정의를 실천하는 데에만 집중할 거다. 낙태권이든 마약법 개혁이든 다른 것들은 국민의 호응을 얻기도 힘들고 괜히 분열만 일으킬 테니까'라고 말하는 경향이 예전부터 있었습니다. 내 생각에 이런 태도는 잘못된 겁니다. 우리가 결코 포기해서는 안 될 핵심적인 원칙들이 있습니다. 경제 정의와 시민의 자유가 그것입니다. 여기에서 우리는 한 발짝도 물러서서는 안 됩니다.

사우스＿ 선생님은 어떻게 정치에 눈을 뜨게 됐습니까? 시간이

지나면서 관점도 변했는지요?

에런라이크_ 1960년대 반전시위에 참가하면서 정치에 본격적으로 입문했습니다. 민권운동도 계속했고요. 우리는 급진주의자였고, 그렇게 자처했습니다. 그다지 이념적이거나 지적인 운동은 아니었지만, 그래도 경제 정의와 개인의 자유를 줄기차게 주장했습니다. 1969, 1970년 무렵부터 여성운동에도 깊숙이 참여했습니다. 1973년쯤에는 뉴아메리카 운동New American Movement, NAM에 참여했는데, 이 조직은 나중에 민주사회주의자 조직위원회Democratic Socialists Organizing Committee, DSOC와 통합돼 미국민주사회당Democratic Socialists of America, DSA으로 변신했습니다. 1983년 창당된 이후로 나는 당원 노릇을 하고 있지만, 조직 생활이 맞지 않는지 지겹게 느껴집니다.

사우스_ 지겹다고요?

에런라이크_ 조직의 관점에서 보면 지겹다는 말이 그다지 달갑게 들리지 않을 겁니다. 여하튼 조직은 개인적인 사건이나 고뇌를 고려하지 않습니다.

사우스_ 개인적인 사건이나 고뇌에 대해 말씀해주십시오!

에런라이크_ 싫어요! (웃음) 조직에 참여하게 되면 책임과 긴장,

당파 싸움, 어려운 결정으로 시달릴 때가 적지 않습니다.

사우스_ 조금 전에 말씀하신, 소수집단에 익숙해져야 한다는 말로 다시 돌아가보지요. 우리가 인기 없는 소수집단이라면, 우리가 모두의 의식을 향상하려고 노력해야 한다는 말은 모순이지 않을까요?

에런라이크_ 진보 진영이 주장하는 많은 것이 국민에게 많은 호응을 얻는 주류 의견입니다. 국민 건강보험이나 노동자의 적절한 휴식이 대표적인 예라고 할 수 있을 겁니다. 우리는 누구도 이해할 수 없는 주장이나 내뱉는 미치광이들이 아닙니다.

하지만 진보 진영의 일부 프로그램, 예컨대 복지정책을 비롯한 실질적인 안전망 구축의 필요성에 대한 주장은 최근 별다른 호응을 얻지 못했습니다. 우파가 죽을힘을 다해서 끝까지 반대하고 있으니까요. 또 내 개인적인 생각으로는 형사 사법제도에서도 혁신적인 개혁이 필요하지만, 이것도 지금은 인기가 없는 정책입니다. 미국은 형벌 기간이 너무 깁니다. 교도소 환경은 대부분 거의 고문 수준이고요. 범죄율을 진정으로 낮추고 싶다면 마약과의 전쟁을 끝내야 합니다. 그런데 이런 주장들은 인기도 없을뿐더러 주류 의견도 아닙니다. 여론조사나 포커스 그룹*에 근거한 의견도 아닙니다.

하지만 우리에게는 이런 것들이 궁극적으로 개인의 삶, 더 나아가서 모두의 삶을 실질적으로 향상시킬 거라고 국민을 설득할 의무가 있습니다. 국민을 설득하려는 노력을 멈춰서는 안 됩니다. 당장 인기를 얻지 못한다고 올바른 생각을 포기해서는 안 됩니다.

사우스_ 선생님은 공동체적이고 초월적인 경험을 향한 인간의 욕구에 대해 자주 말씀하십니다. 선생님이 《피의 제전》**을 쓰게 된 동기 중 하나이기도 했고요. 그런 욕구는 현재 진보진영의 균열, 즉 교회나 결혼처럼 억압적인 공동체 제도로 해석되는 것들을 해체함으로써 정치화된 사람들과, 더 긴밀한 가족 관계와 공동체 관계의 필요성을 역설하는 새로운 '공동체주의자communitarian' 간의 분열을 정확히 지적하고 있기도 합니다. 선생님은 이런 초월적이고 공동체적인 경험을 향한 욕구의 특징이 뭐라고 생각하십니까?

에런라이크_ 연대를 향한 욕구, 타인과 결속하려는 욕구는 좌파

- 시장조사나 여론조사를 위해 각 계층을 대표하도록 뽑은 소수의 사람들로 이뤄진 그룹.
- ** 인간을 제물로 바치던 고대의 의식에서부터 20세기의 홀로코스트까지 시대를 넘나들며 인간의 폭력성을 다룬 책.

의 형태를 띨 수도 있고 우파의 형태를 띨 수도 있습니다. 20세기에 파시스트들은 이런 욕구를 자극하는 데 뛰어난 솜씨를 보였습니다. 히틀러의 집회가 대표적인 예라 할 수 있을 겁니다. 반면에 1960년대는 좌파의 속성이 두드러진 시대였습니다. 대의를 위해 많은 사람이 참여해 변화를 이루어내려는 분위기가 강렬했으니까요.

나는 공동체주의자들과는 생각이 다릅니다. 공동체는 다른 개념입니다. 공동체는 안정되고, 거의 변하지 않는 개념입니다. 말하자면, 내 생각에는 작은 마을입니다. 내가 말하는 초월적이고 공동체적인 경험은 서로 일면식도 없는 사람들을 결집시키는, 군중과 시위 현장에서 발생하는 그런 경험입니다.

내가 알고 싶은 것은 '그런 열정의 순간, 조금 과장해서 말하면 민중의 환희 public ecstasy가 우리 사회에서 어디로 사라졌는가?'라는 겁니다. 어떤 곳에서든지 표출돼야 할 명확한 욕구가 있다고 말하는 것은 아닙니다. 나도 그런 욕구가 있다고 확신할 수 없으니까요.

그러나 1960년대의 열정이 시들해진 이후로 스포츠가 우리 삶에서 큰 부분을 차지하게 된 현상에 주목할 필요가 있습니다. 스포츠는 흥분과 연대가 조금이나마 허용되는 장場입니다. 당신은 앞으로 평생 남들에게서 완전히 소외돼 지낼 수도 있습니다. 하지만 플로리다 마린스 야구팀을 응원하러 가면, 단번에 집단적 기쁨collective euphoria에 도취될 수 있습니다.

1960년대의 운동 이후로 눈에 띄는 또 다른 현상은, 종교 예배가 다소 감상적인 형태를 띤다는 점입니다. 감상적인 특징을 띤 교파들에 비해, 주류 교파들의 세력은 꾸준히 약화되는 추세입니다. 따라서 일부 주류 교파는 이런 변화를 간파하고 기타를 예배에 활용하거나, 옆사람과 포옹하는 순서를 마련하고 있습니다. 이런 현상은 이른바 집단 환희collective ecstasy라는 일종의 탈정치적 현상입니다.

정치에서는 쟁점이 아무리 훌륭해도, 마르크스의 표현을 빌면 '객관적인 조건objective conditions'이 아무리 적정해도, 어떤 열정에 의해 불길이 당겨지지 않으면, 달리 말해서 연대를 향한 욕구가 충족되지 않으면 상황을 대대적으로 바꿔놓는 운동에 실질적으로 이르기 힘듭니다. 이것은 조직 내에서 친구를 사귀는 것부터, 대규모 집회와 시위에 참여해서 당신이 정말로 그 집단의 일원이 됐다는 짜릿하고 흥분되는 감흥을 경험하는 것까지 광범위하게 적용됩니다.

사우스_ 이런 집단 도취를 조직자가 의식적으로 끌어낼 수 있을까요?

에런라이크_ 훌륭한 조직자라면 얼마든지 끌어낼 수 있을 겁니다. 사람들은 더 많은 돈, 더 나은 혜택 같은 구체적인 것을 원합니다. 이런 것들로 사람들을 노동운동이나 진보적인 조직에 끌어들일 수는 있습니다. 하지만 다른 종류의 비전, 예컨대 그들이 좋아하고 존경하는 사람들과 함께 노래하고 피켓 시위를 벌이면서 생전 처음 독립된 개체로 인정받고 있다는 흥분감으로 마음의 불길이 당겨지지 않으면 진정한 도약은 불가능합니다. 물론 피켓 시위는 따분해질 수 있습니다. 그러나 훌륭한 조직자라면, 누구든지 조직을 찾을 때는 이성적인 관심을 뛰어넘어 감정적인 차원의 것을 기대한다는 걸 잘 알고 있습니다.

사우스_ 그럼, 선생님처럼 이성적으로 접근하는 방법이 변화를 향한 열정을 자극하는 데 어떤 역할을 할 수 있을까요?

에런라이크_ 분명히 말하지만, 이성적 접근 방법이 중요하지 않다는 말이 아닙니다. 야구장에서 얻을 수 있는 흥분감만을 경험하려고 노동조합을 조직하는 위험을 떠안을 사람은 없을 겁니다. 위험을 감수하기 싫으면 야구장을 찾아가면 됩니다. 위험을 감수해야만 진정한 성과를 거둘 수 있습니다. 야구장에서는 어떤 것도 얻을 수 없습니다. 군중과 함께하는 짜릿한 흥분감을 얻겠지만 거기에 무슨 내용이 있습니까…… 내가 야구광이 아니어서 그렇게 말하는 것일지도 모르겠습니다. 사람들은 자신이 참여함으로써 획득할 수 있는 것을 합리적으로 계산한 후에 움직입니다. 하지만 감성적 욕구가 채워지지 않는다면 사람들은 삶의 방식을 크게 바꾸지는 않을 겁니다.

사우스 _ 좌파의 일각에서는 《피의 제전》이 생물학적 결정론과 유사한 냄새를 풍긴다고 말합니다. 또 앨런 소칼Alan Sokal이 《소셜 텍스트Social Text》를 상대로 사기극을 벌이면서 비판했던 것처럼,* 좌파가 사용하는 용어들이 반反과학적이라는 비판에 대해서는 어떻게 생각하십니까?

에런라이크 _ 새로운 진화론적 관점에서 인간의 폭력성에 대해 쓴 것이 《피의 제전》입니다. 그 책을 쓰면서 정치적 동료들과 함께 내 견해에 대해 많은 얘기를 나누었는데, 그 친구들이 간혹 내게 성호를 그어 보이며, "그렇게 말해서도 안 되고 그렇게 생각해서도 안 돼. 선사시대까지 거슬러 올라가선 안 돼. 그러면 '결정론'이 되잖아!"라고 말하는 걸 듣고 정말 놀랐습니다. 그런 교조적인 반응에 나는 정말 충격을 받았습니다. 교조주의는 좌파다운 태도가 아닙니다. 역사적으로 접근한다면서 왜 역사가 기록

• 뉴욕대학 물리학 교수 소칼이 《소셜 텍스트》지에 가짜 논문을 투고한 사건으로, 포스트모더니즘 계열 프랑스 철학계를 발칵 뒤집어놓았다.

되기 이전의 역사는 도외시하는 걸까요? 내가 보기에 선사시대와 유사시대의 구분은 상당히 자의적입니다.

사우스_ 선생님이 역사의 시간표를 추적할 때 그런 구분이 가장 큰 장애물이었습니까?

에런라이크_ 그렇습니다. 대부분의 학자는 시간표를 추적할 때 어떤 행동 습관이나 사고방식이 오랜 세대 동안 지속된 듯하다고 말합니다. 하지만 내가 《피의 제전》에서 밝히려고 했던 것은, 특정 행동이나 생각은 오래 지속되고 변하지 않는다는 게 아닙니다. 그런 행동과 생각이 어디에서 시작됐는지 밝혀내려 했습니다. 그래야 그 행동과 생각이 어떤 것인지 더 정확히 알 수 있을 테니까요.

물론 나 또한 염려한 것, 즉 사회적 계급구조, 특히 성차별과 인종차별을 합리화하는 데 생물학이 오용될 수 있다는 우려도 있었습니다. 이 부분에 대해 얘기하다보면 책 한 권이 될 겁니다. 하지만 이런 비판은 조금 지나친 면이 있습니다. 비판을 그대로 받아들이면, 어떤 경우에도 생물학적 설명을 거론하지 말아야 한다는 뜻이 될 수도 있으니까요.

사우스_ 그 때문에 좌파가 어떤 손해를 입는다고 생각하십니까?

에런라이크_ 문제는 좌파가 어떤 손해를 입느냐가 아닙니다. 그로 인해 우리 사회에서 벌어지는 많은 토론이 잘못된 방향으로 가고 있다는 게 문제입니다. 그런데도 좌파 인사들은 이런 문제에 대한 논의에 참여조차 하지 않습니다. 지금 우리는 유전자가 모든 문제를 해결할 수 있다는 생각에 사로잡혀 있습니다. 폭력 유전자, 모험 유전자······. 정말 어리석기 짝이 없는 결정론에 사로잡혀 있습니다.

나는 더 많은 사람이 이 문제에 비판적인 관점을 갖고 토론에 참여하기를 바랍니다. 토론에 참여하기 위해서 과학자가 될 필요는 없습니다. 그러나 유전자와 인간 행동에 관련된 것은 모두 자동적으로 규정된 틀에서 벗어나기 마련이라고 말할 사람이라면 토론에 끼지 않아도 상관없습니다.

사우스_ 선생님은 1994년 5월, 인종과 이데올로기를 구분하는 것은 "케케묵은" 접근 방식이고 "이제는 MTV를 시청하는 사람과 기독교 방송을 좋아하는 사람으로 구분해야 한다"라고 말씀하셨습니다. 선생님은 농담처럼 말씀하셨겠지만, 정치가 생활 방식의 하나로 전락했다는 생각이 맞다고 생각하십니까? 그럼, 이런 현상이 오늘날 젊은이들을 조직화하는 데 어떤 영향을 미친다고 생각하십니까? 예컨대 요즘 페미니스트가 되려면 특정한 구두를 신고 특정한 잡지를 읽어야 한다는 이른바 포스트 페미니즘은 주로 가부장적 제도와 여성에 대해 이야기를 나누던 과거의 페미니즘과 무척 다릅니다.

에런라이크_ 내 생각에 그것은 요즘만의 현상이 아닙니다. 1970년대에도 페미니즘을 무척 개인주의적인 생활방식으로 해석했습니다. 예를 들면, 당시에도 페미니스트가 되기 위해서는 자신의 이름으로 된 신용카드가 잔뜩 있어야 했습니다. 이런 식의 해석은 예전에도 있었습니다. 하지만 사회주의에는 이런 개인주의적 해석이 적용되지 않습니다. 나 홀로 사회주의자가 되기는 무척 어려우니까요.

사우스_ 선생님도 인정하시겠지만, 선생님이 입고 계신 옷은 무척 싼 것입니다. 선생님은 뭐든 다른 사람들에게 빌려주는 걸로 알고 있습니다.

에런라이크_ 그것도 정치적 성향으로 해석되는 줄은 몰랐네요!(웃음) 그냥 사람들을 돕고 싶었을 뿐입니다.

다음 세대에게 아쉬운 것은 집단 투쟁 의식입니다. 내 세대의 많은 여성은 페미니즘에서 처음으로 사회운동의 집단적 흥분을 맛보았습니다. 개인적으로 나는 반전시위에서 그런 흥분감을 경험했고요. 나는 페미니즘을 통해 '여성은 위대하다!'는 걸 깨달았습니다. 여성을 무시하는 사회에서 여성은 이등 시민이기 때문에, 사람들은 여성과 함께 일하고 싶어 하지 않았습니다. 사람들은 자신이 여성과 다르다고 생각했습니다. 따라서 여성들과 함께 일하는 것이 즐거울 수 있다는 사실은 놀라운 발견이고 깨달음이었습니다.

나는 다음 세대가 이런 경험을 할 수 있으리라 생각하지 않습니다. 전반적인 상황이 훨씬 개인주의적으로 변해 집단적으로 행동할 가능성이 예전보다 낮아졌습니다. 어떤 면에서는 이런 변화가 나쁜 것만은 아닙니다. 우리는 단체에 참여하는 데 너무 많은 시간을 보내면서 우리의 정치적 에너지를 소모했습니다. 그렇지만 세대 비교를 할 때마다 걱정이 되기는 합니다.

사우스_ 행동주의자들이 기존의 정치제도 내에서 어떤 분야에 집중해야 한다고 생각하십니까? 예컨대 선생님은 안전망의 제공을 언급하신 적이 있습니다.

에런라이크_ 그렇습니다. 하지만 현재 의회와 대통령을 고려하면, 안전망 구축에 어떤 성과를 기대하기 힘듭니다.

정부가 착수해야 할 진보적인 개혁 목록을 우리 주머니에 넣고 다니면 그만이라는 생각을 버려야 합니다. 전국민 건강보험, 아동 복지 등등을 당장에 법제화해야 합니다. 하지만 현재 정부가 그런 개혁 법안들을 제정할 가능성은 거의 없습니다. 지금처럼 정권에서 완전히 멀어져 있는 상황에서는 성취 가능한 목표를 찾아 거기에 매진해야 합니다.

그중 하나가 노동조합입니다. 노동조합이 공동체를 지원하는 데 더 적극적이라면 우리 모두가 노동조합을 조직하는 데 참여해야 한다고 말하는 게 쉬워질 겁니다. 하지만 공동체 참여는 노조 지도자들 사이에서도 아직 전위적인, 즉 급진적인 생각입니다. 노조 지도자들은 공동체를 적극적으로 활용하지 않습니다. UPS 파업은 국민에게 대단한 호응을 얻었지만, 트럭 운전사 조합이 그런 호응을 활용할 방법을 모색했다는 흔적은 어디에서도 찾을 수 없었습니다. 트럭 운전사 조합의 파업이 조금만 더 계속됐더라면, 그래서 파업 자금이 바닥났더라면, 이제 행동할 때가 온 거냐고 말하던 사람들의 지원을 활용할 어떤 계획이라도 있었나요? 그런 계획은 전혀 없었습니다.

지금 이런 식의 조직이 오히려 노동조합 밖에서 진행되고 있는 실정입니다. 가령 ACORN*이 근로 복지 혜택을 받고 있는 실업자들을 조직하고 있습니다. 이런 조직화도 무척 중요합니

---

* Association of Community Organizations for Reform Now. 당장의 개혁을 위한 지역공동체 조직으로 주로 중산층, 저소득층을 지원했다. 2010년 3월 정식으로 해체되었다.

다. 노동조합에만 의지할 필요가 없습니다. 우리는 어디에서라도 조직을 결성할 수 있습니다. 나는 노동조합이 열린 자세로 이런 조직들을 회원으로 받아들이게 될 거라고 확신합니다.

둘째로, 우리가 정부 권력에 접근할 수 없는 상황에서는 가학적이고 부패한 기업에 직접적으로 저항하는 운동을 전개하는 것도 무척 중요하다고 생각합니다. 예컨대 나이키나 디즈니처럼 노동력 착취에 의존하는 기업에 우리가 직접 나서서 저항하는 겁니다. 물론 정부가 이런 기업들을 법으로 규제하거나, 노동자를 착취해 생산한 제품의 판매를 금지하면 더할 나위 없이 좋겠지요. 하지만 정부는 그렇게 하지 않습니다. 따라서 우리가 워싱턴에 상주하면서 국회의원들에게 우리 목소리를 들어달라고 청원하거나 거리를 점거해서라도 그런 기업들의 파렴치한 행위를 고발해야 합니다. 이렇게 한다면, 언젠가는 정부가 그런 기업들을 규제하는 법을 만들 겁니다.

셋째로는 국민의 욕구를 충족시키는 동시에 모임 장소로도 쓰이고, 또 더 큰 정치적 행동을 위한 도약대가 될 수 있는 대안적 기구를 창설하는 겁니다. 재교육 프로그램이나 복지 혜택을 받는 노동자들을 조직하는 일을 담당하는 사람들이 이구동성으로 제안하는 것이 시민고충센터의 설립입니다. 누구나 일자리 안내를 받을 수 있고, 노동자의 권리에 대해 배울 수 있으며, 조직의 필요성을 인식하고, 노동조합 대표들을 만날 수 있는 공간을 말하는 겁니다. 또한 탁아소를 협동조합 형태로 운영하는 방식도 생각해볼 수 있을 겁니다.

결국 정부 내에 우리 편이 많지 않을 때 대담한 행동이 더더욱 필요합니다.

사우스 _ 대담한 행동 이외에 또 필요한 것은 없을까요?

에런라이크 _ 비용이 많이 들어 현실성이 없는 방법에 대해서는 언급하고 싶지 않습니다. 우리에게 그런 방법은 그림의 떡에 불과하니까요. 게다가 그런 방법들은 임시방편이기 십상입니다. 물론 내가 잘 모르지만 관심을 가질 만한 방법도 많을 겁니다. 예컨대 다국적기업들과 다르게 노동의 가치를 평가하는 수단으로 공동체 통화를 생각해볼 수도 있을 겁니다.

사우스 _ 선생님은 《지 매거진》과 가진 인터뷰에서 '사회변동의 마블 이론'을 언급하셨습니다. 이 이론에 대해 자세히 설명해주시겠습니까?

에런라이크 _ 나보다는 이 이론을 만든 분, 노조 간부인 조지 콜George Kohl에게 묻는 편이 나을 텐데요. 콜이 처음 언급한 이론이거든요. 여하튼 나름대로 설명을 해보겠습니다. 우리는 우리가 무엇을 하는지 항상 인식하면서 일하지는 않습니다. 어렸을 때 마블 게임을 해본 적이 없어 관련된 용어조차 모르지만, 여하튼 마블 게임에서 내가 마블 하나를 굴릴 때는 결과가 어떨지 모릅니다. 하지만 여러 마블이 잔뜩 모여 있는 곳에 마블을 계속 굴리면 그 마블들이 조금씩 움직이기 시작한다는 건 압니다.

 이 이론을 듣고, 내 일을 그런 식으로 생각해보았습니다. 내 손으로 굴려야 할 마블은 한정돼 있습니다. 하지만 많은 사람이 함께 마블을 굴린다면 여러 개의 마블이 무리지어 바람직한 방향, 적어도 덜 자멸적인 방향으로 움직일 거라는 겁니다.

사우스_ 진보주의자들이 좌파와 보조를 함께하지 않는 사람들과 공통분모를 찾아낼 수 있으리라 생각하십니까? 어떻게든 타협하면서 폭넓은 연대를 구성하는 것보다 원칙을 고수하는 소수집단이 되는 것이 더 중요하다고 생각하십니까?

에런라이크_ 폭넓은 연대가 대안이라고는 생각하지 않습니다. 원칙이 없는 사람은 연대의 일원이 될 수 없습니다. 번거롭게 굳이 연대할 이유가 어디에 있습니까? 자기만의 정체성과 원칙을 지녀야 합니다. 그러면서도 누구와도 연대하고 제휴해서 일할 수 있습니다.

 나는 페미니스트이고 출산 결정권을 옹호하지만, 경제 정의라는 쟁점에서는 가톨릭 주교들과 함께 일할 수 있습니다. 가톨릭 주교들도 복지 개악에 반대하고 있으니까요. 원칙을 지키되, 특정 쟁점에 대해서는 특정 집단과 제휴하는 것이 중요합니다. 하지만 좌파는 이것을 잘 못하지요.

좌파의 이런 순수주의 때문인지 나는 좌파 모임에 참석해서 낙담하는 경우가 많습니다. 얼마 전 어떤 모임에 토론자로 참석했는데 누군가 아이스크림 회사 벤 앤드 제리스Ben & Jerry's를 사회적 책임을 다하고 있는 기업이라고 이야기했습니다. 질의응답 시간에 청중석에서 한 사람이 벌떡 일어나, 벤 앤드 제리스가 젖소를 어떻게 학대하는지 신랄하게 고발하더군요. 제발 그러지 좀 맙시다!

매닝
매러블

혁명의 기술
―대중의 일상에 파고들기

Manning Marable

매닝 매러블(1950-2011)은 교수이자 인종차별에 저항한 운동가로, 오하이오의 데이턴에서 태어났다. 역사학을 공부하며 위스콘신 대학에서 석사 학위를, 메릴랜드 대학에서 박사 학위를 받았고, 콜게이트 대학교에서 아프리카·라틴아메리카 연구소를 설립하고 소장을 지냈다. 1987~1989년에는 오하이오 대학교 흑인학과 과장을 역임했으며, 1989~1993년에는 볼더에 있는 콜로라도 대학교에서 역사·정치학과 교수를 지냈다. 컬럼비아 대학교의 역사·정치학과 교수로 있을 때 아프리카계 미국인 연구를 위한 연구소를 설립했으며, 지금은 흑인의원모임 Congressional Black Caucus의 자문위원이다.

매러블은 《흑인 학자The Black Scholar》, 《인종과 계급Race and Class》, 《먼슬리 리뷰Monthly Review》 등과 같은 학술지에 100편이 넘는 논문을 발표했다. 그의 정치 평론 연재물인 〈피부색 선을 따라서Along the Color Line〉는 미국을 비롯한 전세계의 325곳이 넘는 신문에서 연재되었다. 저서로 《맬컴 엑스Malcolm X》, 《인종, 개혁, 그리고 저항Race, Reform, and Rebellion》, 《자본주의는 어떻게 검은 아메리카를 개발하지 않았나How Capitalism Underdeveloped Black America》, 《흑백을 넘어서Beyond Boundaries》, 《보수적인 미국에서 흑인의 해방 운동Black Liberation in Conservative America》, 《흑인 리더십Black Leadership》 등이 있다.

미국에서 작년에 50만 명이
의료보험이 없다는 이유로 응급실에서 발길을 돌리지 않았다면,
또 수백만 명이 길거리나 돼지우리 같은 집에서 잠을 자지 않는다면
우리 사회가 어떤 모습으로 변할지, 겸손하고 진실되게 알려야 합니다.
그것이 우리에게 주어진 당면 과제입니다.

사우스엔드_ 선생님은 좌파의 역사에서 어떤 조직이 본보기로 삼을 만한 조직이라 생각하십니까?

매닝 매러블_ 급진주의적 역사라는 면에서 사람들이 항상 언급하는 두 시기는 1930년대와 1960년대입니다. 말하자면, 구좌파와 신좌파의 시대입니다. 1960년대에 급진적인 행동주의의 미래를 미리 보여주었다는 점에서 내가 가장 중요하게 생각하는 조직은 혁명적흑인노동자동맹League of Revolutionary Black Workers(이하 LRBW)과 학생비폭력조정위원회Student Nonviolent Coordinating Committee(이하 SNCC)입니다. SNCC는 비非레닌 전위 조직을 천명했다는 점에서 무척 중요했습니다. SNCC 회원들은 스스로를 '진정한 신봉자'라 불렀습니다. 그들은 자신들의 신념을 거리낌

없이 말했고, 그 신념을 실천하기를 망설이지 않았습니다. 신념을 위해서라면 감옥행도 두려워하지 않았습니다. 그들은 공동체에 들어가 유기적인 지도자를 양성하기 위해 자원과 기술을 지원하고 격려를 아끼지 않았습니다. 이 과정에서 패니 루 해머 Fannie Lou Hamer 같은 천부적인 지도자들이 탄생할 수 있었던 겁니다. 그들이 공동체에 스며들 때 펼친 전략은, 서인도 제도의 혁명가 시릴 제임스 Cyril Lionel Robert James 의 방식과 무척 비슷했습니다. 즉 급진적 지식인과 공동체 조직자의 임무란, 사람들에게 무언가를 하라고 말하는 게 아니고 대중들로부터 배우는 것입니다. 대중을 기반으로 한 조직이 자기 권리를 지키고 문제점을 해결하기 위해 투쟁하는 걸 돕는 동시에, 유기적인 지도부를 스스로 만들어낼 수 있도록 돕는 것입니다. 쉽게 말하면, 그들은 상명하복 식이 아니라 밑에서부터 시작되는 사회변동 모델을 지향했습니다. 아프리카계 미국인 인권운동가인 엘라 베이커 Ella Baker 도 이런 전략을 적극적으로 옹호하며, 지도자를 떠받들어 모셔서는 안 된다고 역설했습니다. 이런 점에서 SNCC는 현재 우리가 주목해야 할, 아래로부터 시작되는 급진적 조직의 모델이라 할 수 있습니다.

　본보기로 삼을 만한 두 번째는 LRBW입니다. 이 조직은 생산현장에 있었지만, 노동조합운동 외부의 조직이었습니다. LRBW

는 공장에서 가장 억압받는 노동자들, 스스로 '깜둥이'라 비하하며 자동차공장에서도 가장 열악한 구역에서 일하던 노동자들로 조직됐습니다. 이 조직은 급진적 민주주의, 사회주의, 흑인 우대 정책이라는 기치 아래 젊은 남녀가 자생적으로 결성한 조직입니다. 즉, 사회 지도자를 뽑는 선거라는 장에 기대지 않고, 자신들 손으로 역사를 끌고 가며 권력과 맞서려 했습니다. 댄 조르가카스Dan Georgakas와 마빈 서킨Marvin Surkin이 쓴 《디트로이트 Detroit》에 그들의 투쟁이 자세히 기록돼 있습니다.

과거의 유산, 또 비록 결함이 있을지라도 기존의 급진적 민주주의 모델에서 배워야 급진주의의 미래가 성공적으로 나아갈 수 있다고 생각합니다. SNCC와 LRBW는 온갖 실수를 저지르고 판단착오를 했지만 중요한 것은 무엇을 하려고 했느냐 하는 점입니다. 그들은 정치 조직이 성공하려면 민중이 매일 보고 겪는 것, 즉 건강과 노동, 환경과 주택, 자녀 교육과 같이 일상생활에 관한 쟁점을 다루어야 한다는 사실을 알았습니다. 급진적 조직이라면 일상생활의 모순과 문제점을 해결해야 합니다.

사우스_ 요즘에 SNCC와 LRBW 같은 조직을 찾아보기 힘든 이유는 무엇일까요?

매러블_ 그 질문에 대답하자면, 대중에 기반을 둔 급진적 조직이 없는 이유부터 살펴봐야 합니다. 현대 민권운동의 중요한 이론가 중 하나가 1963년 워싱턴 대행진을 기획한 베야드 러스틴Bayard Rustin입니다. 1965년 투표권법*이 통과된 후, 러스틴은 민권운동이 직접 행동, 비폭력적인 시민 불복종에서부터 선거에서의 행동주의로 방향을 전환해야 한다고 역설하기 시작했습니다. 요컨대 민권운동에서 거둔 성과를 굳건히 하기 위해서 우리 편 사람을 선출직 공직에 진출시켜야 한다는 것이었습니다. 풀뿌리 조직이나 흑인 공동체에서 이런 우리의 전략을 두고 '검은 얼굴을 높은 자리로a Black face in a high place'라고 불렀습니다. 우리는 우리처럼 생긴 사람이 중요한 자리에 앉기를 바랐습니다. 글 쓸 때 나는 이런 바람을 '상징적 표상symbolic representation'이라 표현합니다. 상징적 표상의 문제점은 대표자와 지지자들 사이에 일정한 정도의 책임과 연계성을 상정한다는 점입니다. 그 연결 고리가 생김새나 젠더라면 조직을 구축할 만한 근거로는 무척 미약합니다. 대표자가 흑인이나 라틴계, 레즈비언이나 게이라는 이유만으로 라틴계, 레즈비언, 게이들에게 힘을 실어주는 정책을 추진할 거라는 확실한 보장은 없기 때문입니다. 선거로 선출된 흑인 공직자의 수가 1964년에는 100명

* 흑인의 투표권 취득 자격 심사를 폐지한 법률.

남짓이었지만, 1998년에는 9,000명 이상으로 늘었습니다. 30년 전에는 국회의원 중에 아프리카계 미국인이 5명 정도에 불과했지만, 지금은 40명이 넘습니다. 무려 800퍼센트가 증가한 셈입니다. 그러나 흑인의 실질적인 힘이 800퍼센트만큼 신장했을까요? 그렇지는 않습니다. 따라서 기존의 선거제도 내에서 활동하는 것만으로 사회변동을 이루어낼 수 있다는 생각은 잘못되었다고 생각합니다.

두 번째 문제는 뉴딜 정책, 뉴프런티어 정책, 그레이트 소사이어티 정책이 시행되면서 사회변동에 관한 자유주의적 패러다임이 붕괴된 것입니다. 자유주의적 정치 연대가 붕괴된 이유 중 하나는, 좌파가 더 이상 조직된 세력으로 존재하지 않기 때문입니다. 역사적으로 보면, 좌파가 먼저 아이디어를 제시하면 자유주의자들이 그 아이디어를 받아들여 적절히 가공해 권력 구조에 적용하는 식이었습니다. 그런데 저돌적이고 강력한 좌파가 사라지고 자유주의자만 홀로 남겨지고 말았습니다. 남겨진 자유주의자들도 나날이 쇠약해지고 있습니다. 무지개연합Rainbow Coalition*이 전국적으로 쇠락한 것이 비교적 최근의 예입니다.

• 미국 인권운동가이자 침례교 목사인 제시 잭슨Jesse Jackson이 사회정의, 민권, 정치적 행동주의를 목표로 설립한 민간조직.

사우스_ 선생님이 정치에 입문하게 된 계기는 무엇입니까?

매러블_ 진정한 의미에서 내가 처음으로 정치에 눈을 뜬 날은 1968년 4월 4일입니다. 당시 나는 오하이오 데이턴에서 고등학교 3학년에 재학 중이었습니다. 나는 지역 흑인 주간 신문에 칼럼을 기고했습니다. 칼럼 제목은 '청년들이여, 목소리를 높여라'였습니다. 내 목소리가 좀 컸거든요.(웃음) 마틴 루서 킹 목사가 암살당했고, 어머니는 내게 비행기를 타고 애틀랜타로 날아가 지역 흑인 신문을 대신해 장례식을 취재하는 것이 좋겠다고 말씀하셨습니다. 비행기를 타본 적이 없었지만 나는 어머니의 말에 따랐습니다. 더구나 애틀랜타 서부에 숙모가 살고 있었거든요. 나는 새벽 5시에 일어나 버스를 타고 시내 중심가로 갔습니다. 그리고 우여곡절 끝에, 애틀랜타 시내 근처 흑인 공동체에서 에버니저 침례교회를 찾아냈습니다. 내가 교회에 가장 먼저 도착한 사람이었습니다. 하기야 새벽 6시 30분쯤이었으니까요. 나는 장례식을 처음부터 끝까지 지켜보았습니다. 오전 나절에만 수만 명이 교회에 모여들었습니다. 나는 장례 행렬을 따라 킹 목사가 졸업한 애틀랜타 대학교와 모어하우스 칼리지까지 걸어갔습니다. 취재 카드를 갖고 있어서 건물 2층의 기자실에서 장례 의식을 한눈에 내려다볼 수 있었습니다. 당시 나는 열일곱 살이었고, 엄청난 충격을 받았습니다. 역사가 펼쳐지는 현장을 목격하면서, 흑인 역사가 앞으로 전진하는 데 한몫하고 싶었습니다. 그래서 정치에 입문하게 된 겁니다.

1960년대에 성인이 된 내 세대의 대부분이 그랬듯이 나도 저항운동에 참여했습니다. 대학교 1학년 때 우리 대학에서 갓 출범한 흑인학생회의 회장이 됐습니다. 대학원 시절에는 베트남전쟁 반대 시위에 참여했고, 학생 신문에도 계속 글을 기고했습니다. 하지만 정치에 본격적으로 개입하게 된 두 번째 계기는 대학원을 졸업한 1976년 이후입니다. 당시 나는 흑인자유화운동만이 아니라 대부분이 백인인 좌파 조직에서도 활동했습니다. 1976년에는 독립된 흑인정치운동을 시작하기 위해 결성된 전국흑인정치연합National Black Political Assembly —1972년 3월 인디애나 게리에서 열린 집회 후의 행진을 모태로 공동체 조직자, 선출직 공무원, 정치운동가가 조직한 전국 네트워크—에서 활동했고, 1977년에는 뉴아메리카 운동(이하 NAM)에 가입했습니다. 두 조직에서 활동하면서, 나는 두 조직이 상호보완적 역할을 할 수 있다는 걸 깨달았습니다. 나는 정치가 인종과 계급에 근거해야 한다고 생각했거든요. 즉, 인종차별과 싸우고 흑인 공동체에 힘을 부여하기 위해 투쟁하는 흑인 공동체 내에 뿌리를 둔 흑인 정치조직이 있어야 한다고 생각했습니다. 또한 인종 분석만으로는 자본주의 사회 깊이 내재한 모순을 이해할 수 없다는 결론에도 이르렀습니다. 따라서 20대 중반쯤에는 내가 사회주의자라 생각했지만, 1980년대 초부터는 나 자신을 마르크스주의자로 규정하기 시작했습니다.

사우스 어떻게 마르크스주의 정치에 이르게 되셨습니까?

매러블 1976년쯤부터 1980년까지, 나는 스스로를 '좌파 민족주의자'로 여겼습니다. 말하자면, 흑인 민족주의자였습니다. 당시 나는 흑인 민족주의를, 공동체 조직을 건설하고 흑인만으로 구성된 독립적인 정당을 결성하려는 정치적 수단을 뜻하는 것으로 이해했습니다. 또한 미국 사회가 민주사회주의적 구조로 변해야 한다고 믿었습니다. 사회주의적 프로젝트를 중심으로 백인이나 라틴계 진보주의자들과 힘을 합해야 한다고도 믿었습니다. 1979년 NAM이 민주사회주의자 조직위원회(이하 DSOC)와 합병하냐 마느냐를 토론하던 시기에, 나는 DSOC와 합병해서 미국민주사회당(이하 DSA)을 결성하자는 편에 섰습니다. 민주사회주의부터 마르크스주의까지 폭넓은 이념에 바탕을 둔 조직이어야 사회주의 사상에 대한 민중의 지지를 촉발할 가능성이 훨씬 커진다고 생각했거든요. 당시 NAM의 회원은 1,000명 정도에 불과했고, 이념적으로 상당히 편협한 편이었습니다. 결국 DSA가 결성됐고, 나는 부회장단의 일원이 됐습니다.

1980년대 초에는 내 이론이 좌파 민족주의에서 마르크스주의로 넘어가던 시기였습니다. 그 과도기에 쓴 책이 《블랙워터 Blackwater》입니다. 1976년부터 1980년까지 쓴 시론을 모아 편집한 것입니다. 1983년 사우스엔드프레스에서 출간한 《자본주의는 어떻게 검은 아메리카를 개발하지 않았나》는 가이아나의 역사학자이며 행동주의자였던 월터 로드니Walter Rodney의 암살, 로널드 레이건의 당선, 그리고 레이건 당선 직후 요동치기 시작한 제2차 냉전의 파고, 또 당시 미국의 흑인들이 겪은 정치적 위기에 대해 쓴 책입니다. 《블랙워터》를 발표하고 《자본주의는 어떻게 검은 아메리카를 개발하지 않았나》를 쓰던 중, 나는 마르크스주의자의 사회 분석을 절대적인 결론으로 받아들이지 않고 사회를 분석하는 하나의 방법으로 적용하면 사회의 모순을 밝혀내고 설명하는 데 최적이란 결론에 이르렀습니다. 이런 관점에서 나는 이 책에서, 자본주의가 흑인 공동체 내에서도 계급의 계층화를 심화시켜 결국에는 어느 정도 특혜를 누리는 중산층 아프리카계 미국인을 흑인 공동체에서 끌어내 기성 체제에 동조하게 만들었다고 주장했습니다. 따라서 이 책의 논리는 DSA가 대변하던 사회민주주의의 정치적이고 이론적인 틀과 사뭇 달랐습니다. DSA에는 개인적으로 친분이 두터운 사람들이 많았습니다. 특히 조직을 끌어가는 중추 세력이었던 마이클 해링턴Michael Harrington을 무척 존경했습니다. 그러나 미국에서 사회주의를 달성하는 법에 관한 그의 전략적 관점에는 동의할 수 없었습니다. 그는 좌파가 민주당 내에서 가능성을 모색해야 한다고 믿었고, 자유주의를 온전하게 지키기 위해서는 자유주의와 긴밀한 관계를 맺어야 한다고 주장했습니다. 하지만 나는 '안팎'의 접근이 동시에 필요하다고 생각했습니다. 그렇다고 내가 트로츠키주의자였던 건 아닙니다. 민주당에 투표하면 우리 영혼이 지옥에 갈 거라고도 생각한 것도 아니었습니다. 하지만 민주당의 진보 세력을 지원하는 동시에 독자적으로 정치운동을 시행함으로써 균형을 잡아야 한다고 믿었습니다. 즉, 선거와 관계없는 장에서도 적극적인 행동주의가 필요하다고 생각했습니다. 이런 관점은 DSA에서 주도권을 쥐지 못했고 정책으로 채택되지도 못했습니다. 그래서 1985년쯤 나는 결국 DSA를 완전히 떠났습니다. 그렇다고 DSA를 적대시하며 떠난 것은 아닙니다. DSA의 모델로는 미국에서 좌파가 공권력을 획득할 수 있는 대안을 구축할 수 없다는 인식에서 조직을 떠난 것이었습니다.

1980년대 초에는 독자적으로 활동하던 흑인 조직들도 붕괴되기 시작했습니다. 조직 구성에 내재된 모순, 전위적인 성향, 정치적 파벌주의 등 1960년대와 1970년대에 좌파와 흑인 조직들에 만연했던 고질적인 문제들이 원인이었습니다. 1983년과

1984년 미국에서 새로운 상황이 전개되기 시작했습니다. 레이건 행정부 출발 몇 년 후, 레이건의 정책에 반발하고 저항하는 세력들이 움직이기 시작했습니다. 1983년에는 해럴드 워싱턴Harold Washington이 흑인으로서는 처음으로 시카고 시장에 당선됐고, 워싱턴 대행진이 있었습니다. 1984년에는 제시 잭슨이 무지개연합을 설립하며 민주당 대통령 후보 지명전에 뛰어들었습니다. 1985년과 1986년에는 인종차별을 반대하는 반反아파르트헤이트 운동이 벌어졌습니다. 잭슨이 다시 대통령 후보 지명전에 뛰어든 1988년에는 이 모든 것이 최고조에 이르렀습니다. 잭슨은 이때 월터 먼데일Walter Mondale이 1984년에 받은 표보다 더 많은 표를 받았습니다. 흑인과 라틴계만이 아니라, 민주적이고 진보적인 대안을 지지하는 백인도 상당히 많다는 증거였습니다. 즉 중도좌파의 지지층이 확고하다는 뜻이었습니다. 무지개연합은 사회주의자 조직이 아니었습니다. 혁명적 민족주의자, 공산주의자, 마르크스주의자, 민주사회주의자 등이 사회정의를 구현하기 위해 어디에도 구애받지 않고 자유롭게 참여했던 겁니다. 엄청난 잠재력을 지니고 있었죠.

그러나 무지개연합은 회원들을 기반으로 한 민주적인 조직으로 거듭나지 못했기 때문에 약화되고 말았습니다. 회원들이 지도부를 투표로 뽑고 지도부가 모든 회원을 책임지는 조직으로 발전하지 못했던 겁니다. 잭슨은 대중 영합적이고 카리스마가 있는 흑인 지도자들을 선호했습니다. 이런 성향 때문에 무지개연합은 1989년 이후로 쇠락할 수밖에 없었습니다.

 1989년에는 무지개연합이 붕괴되고 소비에트 블록까지 붕괴됐습니다. 1991년에는 소련이 해체됐습니다. 그러자 미국의 흑인 정치인과 좌파 정치인 들은 혼돈과 환멸에 빠져들었습니다. 사회 분석 방법으로서의 마르크스주의까지 역사에 의해 경질당했고, 마침내 '역사의 종말', '이데올로기의 종말'에 이르렀다고 생각하며 한층 인간적인 자본주의에 희망을 거는 편이 낫다고 주장하는 사람들이 적지 않았습니다. 인간적인 자본주의 하에서는 언젠가 사회정의가 구현될 거라고 믿으면서 말입니다. 이런 현상을 종합해서 나는 1990년에 〈아래로부터의 사회주의〉라는 논문을 썼습니다. 이 논문은 1996년에 《권력에 진실을 말하라Speaking Truth to Power》라는 책으로 출간됐습니다. 이 시기에, 나는 흑인 트로츠키주의자이며 정치·문화 이론가인 시릴 제임스에게 큰 영향을 받았습니다. 특히, 사회가 변화하는 과정을 이해하는 데 큰 도움을 받았습니다. 미국에서 좌파의 길을 찾으려면 대중을 이해하고 그들의 말을 경청하는 데서 시작해야 한다고 생각한 것도 제임스의 영향이 컸습니다. 대중이 일상의 삶과 환경에서 겪는 문제에 귀를 기울이고, 그들이 쉽게 이해할 수 있는 언어로 말해야 한다는 것도 제임스를 통해 깨달았습니다. 그렇다고 그들을 얕보는 듯한 투로 말하라는 것은 아닙니다. 그들과 이야기를 나누고 그들에게서 배워야 한다는 뜻입니다. 시릴 제임스와 아프리카의 혁명가 아밀카르 카브랄 같은 위대한 선배들의 급진적 민주주의에 대한 뛰어난 혜안은 바로 이런 점에 있었습니다. 호찌민Ho Chi Minh 같은 정치인도 그런 혜안을 지녔기 때문에 정치는 민중이 이해하는 언어로 말해야 한다고 주장했던 겁니다. 요컨대 정치는 일상의 삶에 산재한 문제와 쟁점을 다루고 설명할 수 있어야 합니다. 따라서 진정한 혁명가가 되기 위해서는 사물의 근원, 문제의 핵심을 건드려야 합니다. 내가 1997년 사우스엔드프레스에서 출간한 《보수적인 미국에서 흑인의 해방 운동》은 이런 사상들을 정리한 책입니다.

　소비에트 모델이 붕괴된 이후로 많은 사람이 사회주의를 포기했습니다. 나는 사회주의적 프로젝트를 다시 생각한 끝에, 급진적 참여 민주주의를 위한 프로젝트로서 사회주의는 여전히 유효하며, 사회주의야말로 우리가 미국에서 투쟁해서 쟁취할 수 있는 유일한 인간적인 미래라는 결론을 내렸습니다.

사우스_ 　요즘 흑인 정치의 상황은 어떻습니까? 리더십의 위기를 맞은 듯한데요.

매러블_ 무지개연합이 10년 전에 붕괴하고 제시 잭슨이 조직에서 손을 떼면서 흑인 정치에 큰 공백이 생겼습니다. 처음에는 누구도 그 공백을 메우지 못했습니다. 1990년대 초 들어 맬컴 엑스Malcolm X를 그리워하는 현상이 눈에 띄게 나타났습니다. 그즈음에 등장한 힙합 세대는 분노와 소외감 및 투지를 명확히 표현하려 애썼지만, 그들의 열망을 대변해줄 유명 인사나 매개체를 찾지 못했습니다. 따라서 그들은 역사를 거슬러 올라가, 그들의 가슴에서 꿈틀대던 열망을 대변하다 25년 전에 암살당한 사람을 부활시켰고, 그래서 '맬컴 열풍'이 불었던 겁니다. 하지만 맬컴 열품이 사그라들자, '이슬람 국가운동'의 지도자 루이스 패러칸이 다시 등장했습니다. 날카로운 통찰력을 지닌 패러칸은 민권운동 시대 이후에 태어난 세대에게는 미국 사회가 흑인들의 쟁점과 관심을 진지하게 논의하지 않을 거라는 깊은 회의가 잠재돼 있음을 깨달았습니다. 게다가 어떤 면에서는 흑인 공동체가 '우리는 극복해낼 것이다'라는 세대와 힙합 세대로 갈라져 있었습니다. 제2차 세계대전과 1960년대 초 사이에 태어난 사람들 —나는 그 중간인 1950년에 태어났습니다— 은 극적인 사회변동 현장을 목격한 사람들입니다. 우리는 혁명을 목격한 세대입니다. 또한 제3세계에서 일어난 혁명을 지원하며 연대했던 세대입니다. 우리는 미국 대통령을 권좌에서 몰아내기 위

해 도전하고 단결했으며, 베트남 정책에 반발했습니다. 미국의
제국주의를 규탄하며 쿠바를 옹호했고, 동성애자와 여성의 권
리를 위해 투쟁했습니다. 물론, 흑인과 라틴계의 해방을 위해서
도 싸웠습니다. 그러나 1965년부터 1970년 사이에 태어난 사람
들이 사회를 보는 시각은 우리와 달랐습니다. 그 세대가 가장 뚜
렷이 기억하는 정치인은 로널드 레이건입니다. 하기야 그들의
인격 형성기에 레이건이 대통령을 지냈으니까요. 그들은 전문
대학원 입시에서 소수민족을 위해 쿼터제를 둔 것을 인종 역차
별이라며 위헌이라 판결한 1978년의 배키 판결 이후로, 소수집
단 우대정책을 향한 가차없는 비판을 목격했습니다. 그들은 사
회보장제도와 사회복지사업이 축소되는 시대에 살았습니다. 보
수주의자들이 정치 문화와 정치 토론을 좌우지하는 걸 지켜
보고 자랐습니다. 또 민주당 출신 대통령인 빌 클린턴이 리처드
M. 닉슨처럼 우파 정책을 추진하는 것도 보았습니다. 따라서 많
은 흑인 젊은이가 미국에서 진보와 자유주의가 성공할 가능성은
거의 없으므로 인종 분리주의와 인종 본질주의로 돌아가야 한다
고 생각한 건 그다지 놀라운 현상도 아니었습니다. 패러칸은 이
모든 것을 꿰뚫어보았습니다.

  1995년 패러칸의 주도로 워싱턴에서 백만인 걷기 대회가 열
리면서 흑인 선출직 공무원들과 민권 단체 지도자들은 이 엄청

난 집회에 압도당했습니다. 하지만 패러칸에게는 인종차별에 조직적으로 저항하고 그 운동을 진척시켜 나갈 프로그램이 없었다는 게 문제였습니다. 내가 《보수적인 미국에서 흑인의 해방운동》에 말했듯이, 패러칸은 근본적으로 20세기 말 버전의 부커 T. 워싱턴Booker T. Washington*이었습니다. 그는 동성애를 혐오했고, 반反유대주의자였습니다. 그는 뼛속까지 보수주의자였고 가부장적인 사람이어서 여성의 출산 결정권도 반대했습니다. 극우 정치인으로 평가받는 린든 라루슈Lyndon LaRouche와 정치적 관계를 돈독히 맺었고, 나이지리아를 방문해서는 오고니족의 행동주의자이며 작가인 켄 사로-위와Ken Saro-Wiwa를 처형한 군사정부 관계자들과 정답게 포옹까지 했습니다. 그야말로 패러칸은 흑인 권위주의의 표상이었습니다. 그런 권위주의는 용납될 수도 없을뿐더러, 흑인들의 관심사나 쟁점과도 아무런 관계가 없습니다. 그러나 내 어머니가 항상 말씀하셨듯이, 없는 것보다는 나쁜 것이라도 있는 편이 낫습니다. 그렇게 많은 아프리카계 미국인 중에서 패러칸을 대신해서 정치·사회의 변화를 주도할 대안적 인물을 제시하지 못한 우리의 잘못도 큽니다.

- 타협적 태도를 보인 미국의 흑인 개혁가.

사우스_ 지금은 어떻게 대응해야 한다고 생각하십니까?

매러블_ 우리 사회의 극심한 분열 현상을 해결하기 위해서는 특별한 교육이 필요합니다. 정확히 말하면, 과거에 억압받던 사람들의 저항운동과 집단 기억에서 교훈을 끌어내 배워야 합니다. 그러나 흑인 공동체에만 적용되는 건강보험 전략이란 건 있을 수 없습니다. 뉴욕 시에서 라틴계 사람들에게만 쾌적한 대중교통을 제공하는 전략이란 것도 있을 수 없습니다. 또 태평양 섬에서 미국인만을 위해 환경을 깨끗이 하는 전략이란 것도 존재할 수 없습니다. 정체성, 즉 동일성만을 중심으로 조직하는 것도 나름대로 장점이 있고 중요하지만, 많은 점에서 유색인 전체의 일상적 삶까지 포괄할 수 있어야 합니다. 물론 우리는 흑인이란 동일성에서 출발했지만, 동일성에서 기대된 강점과 한계를 인정하며 동일성을 초월하는 원대한 사회적 비전을 가져야 합니다.

현재 좌파에게 필요한 것은 조직의 편협성과 좌파 역사의 초기부터 분열을 반복했던 조직 형태를 극복하는 것입니다. 진보적이고 대중적이며 중도좌파적인 버전의 기독교연합 같은 조직이 필요합니다. 대중에 기반을 둔 중도좌파 조직이어야 합니다. 격식에 얽매인 정치 정당이 아니라, 진보적인 공공정책을 주장하는 회원 중심의 조직이어야 합니다. 사회주의자나 마르크스주의자뿐 아니라, 급진적인 페미니스트와 동성애를 지지하는 행동주의자까지 자유롭게 참여할 수 있어야 합니다. 공공 교육, 건강보험, 주택 등 공공정책을 중심으로 기본적인 쟁점들을 위해 투쟁해야 조직이 앞으로 나아갈 수 있을 것입니다.

사우스_ 어떻게 해야 좌파에서 사회주의적 흐름을 되살릴 수 있을까요?

매러블_ 사회주의는 민주주의와 결별하면서부터 방향을 상실했습니다. 나에게 사회적으로 정의로운 사회란 지극히 민주주의적이고 민중의 목소리를 들을 수 있는, 실질적으로 민중이 지배하는 사회입니다. 시릴 제임스는 '어떤 요리사나 지배할 수 있다'는 말로, 지도자와 지지자 사이에는 어떤 권력 서열도 없어야 한다는 생각을 강조했습니다. 혁명적인 정당의 목표는 모든 당원을 지식인으로 만드는 것이어야 한다는 안토니오 그람시Antonio Gramsci의 주장과 무척 유사합니다. 즉, 누구나 현실관을 명확히 표현할 수 있고, 이 사회에서 그들의 가치관과 목표를 실현하기 위해 투쟁할 수 있습니다. 그람시는 지극히 민주주의적인 전략을 개발해야 한다고 말한 것입니다. 모두가 지식인이면, 사회가 어떤 모습을 띠어야 한다는 엘리트적이고 전위적인 개념을 앞장서서 주장할 사람은 없지 않겠습니까. 대신 모두가 겸손하게 인내심을 갖고, 어떤 사회에서나 중심을 차지하는 노동자계급과 가난한 사람들의 말을 경청하고 그들에게서 배울 겁니다. 카브랄은 동료들에게 겸손하고 정직하게 혁명의 기술에 접근하라고 역설했습니다. 카브랄의 말을 쉽게 표현하면 거짓말을 하지 말라는 겁니다. 민중에게 전해진 거짓말을 폭로하라는 겁니다. 손쉬운 승리를 원하지 말라는 겁니다. 사회변동의 과정은 지겹도록 긴 과정일 것입니다. 결국 우리는 민주주의의 완성이라는 원대한 목표의 구현에 아주 조그만 기여를 할 수 있을 뿐입니다.

  우리에게 주어진 당면 과제는 대안적 사회를 위한 포괄적인 청사진을 완성하는 것이 아닙니다. 미국에서 지금 의료 혜택을 받지 못하는 4,300만 명에게도 의료 혜택이 주어진다면, 작년에 50만 명이 의료보험이 없다는 이유로 응급실에서 발길을 돌리지 않았다면, 또 수백만 명이 길거리나 돼지우리 같은 집에서 잠을 자지 않는다면 우리 사회가 어떤 모습으로 변할지, 겸손하고 진실되게 알리는 겁니다. 이런 목표는 투쟁을 통해서 실현할 수 있습니다. 그러나 우리의 집단 경험에서 얻은 혜안과 역량, 지혜와 의지를 활용하는 투쟁이어야 합니다. 이런 것이 내가 말하는 급진적 민주주의입니다. 이런 이유에서 나는 사회주의자입니다. 윤리적이고 인도적인 사회는 투쟁을 통해서야 가능하다고 믿기 때문입니다.

마이클 앨버트

변화에 끝은 없다

Michael Albert

마이클 앨버트(1947~)는 운동가이자 경제학자, 연설가, 작가로 MIT에서 물리학을 공부하고 매사추세츠 대학에서 경제학으로 박사 학위를 받았다. 1967년 MIT에서 설립된 '민주사회를 위한 로자 룩셈부르크 학생들Rosa Luxemburg Students for a Democratic Society'의 창립회원이었고, 1960년대와 1970년대에는 보스턴을 중심으로 한 전국학생운동 리더로 활동했으며, 반反베트남전, 반핵, 반걸프전, 반인종차별 운동에도 활발히 참여했다. 앨버트는 출판사 사우스엔드프레스와 《지 매거진》, 지 미디어 연구소Z Media Institute의 공동 창업자로, 《지 매거진》의 웹사이트인 ZNet(http://www.zcommunications.org)을 개설해 운영했다.

대표 저서로는 시장경제의 폐지를 주장하며 대안적 사회 모델로 '참여경제'를 주장한 《파레콘Parecon》이 있으며, 단독으로 쓰거나 다른 사회운동가와 함께 쓴 그 외의 저서로 《내일을 기억하기Remembering Tomorrow》, 《앞으로 나아가기Moving Forward》, 《무엇을 하지 말아야 할 것인가What is to be undone》, 《해방이론Liberating Theory》, 《질주하는 기차를 세워라Stop the Killing Train》, 《급진적 변화를 위한 급진적 비전Radical Visions for Radical Change》, 《미래를 바라보기Looking Forward》, 《미래를 사고하기Thinking Forward》 등이 있다.

억압의 정도와 집요함을 인식한다 하더라도
미래의 가능성에 대한 통찰력이 없으면 냉소만을 낳을 뿐,
저항을 기대하기는 어렵습니다.
우리에게 필요한 것은 열망과 희망과 비전입니다.

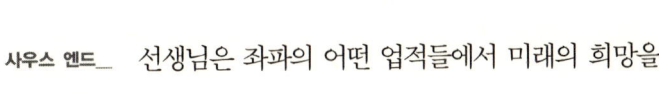

사우스 엔드_ 선생님은 좌파의 어떤 업적들에서 미래의 희망을 보십니까?

마이클 앨버트_ 봉건제도와 노예제도의 종식, 노동법 제정, 보통선거권 쟁취, 흑인 차별법의 폐지, 1950년대와 1960년대 내내 굳건했던 가부장적 사고방식과 관습의 축목, 동성애자들을 어둠에서 해방시키고 그들의 권리를 인정함으로써 사회정책에 반영한 성과, 환경 문제를 정치 문제로 발전시킨 것 등입니다. 좌파에는 기나긴 계보가 있습니다. 지난 30년 동안의 미국에서의 내 활동을 돌아보면, 우리는 구조적으로는 예전만큼 영향력 있지 못했지만 이념적으로는 사람들에게 큰 영향을 미쳤다고 할 수 있습니다.

사우스_ 무슨 뜻인지 자세히 말씀해주십시오.

앨버트_ 우리는 사람들의 생각과 행동에 많은 영향을 미쳤습니다. 사람들이 스스로와 삶에 대해 생각하는 방식을 매우 극적으로 바꿔놓았습니다. 내 생각이지만, 역사상 유례가 없는 현상이었을 겁니다. 하지만 제도를 변화시키는 데는 큰 성과를 거두지 못했습니다. 내가 앞에서 말한 지난 30년의 초반으로 거슬러 올라가면, 신좌파는 자신의 힘을 잘못 판단했습니다. 어떤 면에서는 목표까지 잘못 설정했습니다. 신좌파가 민중의 마음을 얻으려고 힘차게 나아간 것까지는 괜찮았지만, 민중이 살아가는 제도적인 틀을 변혁하려는 노력은 등한시했습니다. 이것이 큰 문제였습니다. 안타깝게도 그 이후로 이런 현상이 지속되고 있습니다.

일반적인 관점에서 보면 지난 30년 동안 좌파가 계급과 경제 면에서 거둔 성과보다, 인종차별과 성차별, 정치권력, 성적 성향, 노인 문제 등과 관련해 거둔 성과가 훨씬 크다는 증거도 많습니다. 계급과 관련된 태도의 변화는 거의 눈에 띄지 않을 정도입니다. 좌파 조직의 구조가 미국 세법 구조보다 덜 진보적인 것도 사실입니다. 의사결정이나 역할의 할당이 위에서 이루어진다는 점에서 제네럴모터스와 다를 바가 없습니다. 규모가 훨씬 작은데도 말입니다. 게다가 지금 사회 전반에서 시장 논리를 찬양하는 목소리가 높은데, 30년간의 투쟁이 있은 후인데도 좌파의 많은 진영이 이런 분위기에 휩쓸려 시장 논리를 좇고 있는 실정입니다.

따라서 일각에서는 좌파가 인종차별과 성차별, 동성애자의 권리 같은 현상에 관심을 기울이는 바람에 계급 문제가 등한시됐다고 주장합니다. 말도 안 되는 소리입니다. 만약 새로운 문제의 등장이 기존 문제에 집중되었던 관심을 빼앗아간다면, 왜 인종 문제는 성차별 문제에 집중한다는 이유로 등한시되지 않았던 겁니까? 물론 그 반대 현상도 마찬가집니다. 동성애자에 대한 관심이 증폭되는 와중에도 성차별과 인종차별 문제가 활발하게 거론됐던 이유는 무엇일까요? 계급 문제가 적절하게 다루어지지 못했던 것은 좌파가 계급을 이해하고 접근하는 방법이 적절하기 못했기 때문입니다.

사우스_ 그럼, 계급과 경제에 대한 관심이 그토록 숨어는 이유는 무엇일까요? 1960년대 저항운동이 한창이었던 때로 돌아가 보면 마르크스주의에 대한 관심이 대단했습니다. 계급과 경제에 대한 관심은 왜 더 커지지 않고 줄어들었을까요?

앨버트_ 많은 점에서 인종차별과 성차별에 초점을 맞춘 운동은 1960년대 말 좌파들이 마르크스주의에 매몰돼 계급 문제나 계급 관련 쟁점만 다룬 데 대한 반발이라 할 수 있습니다.

내가 1960년대와 1970년대에 경제주의를 반대하는 데 많은 시간을 보내고, 성차별, 인종차별, 정치 권력, 심지어 경제 현상 관련 쟁점을 등한시했던 것은 사실입니다. 과거에 나 혼자 썼거나 포틀랜드 주립대학교 교수인 로빈 하넬Robin Hahnel과 함께 쓴 많은 책도 주로 경제주의를 반대하는 글입니다. 그래서 로빈과 나는 반反계급적이고 반反마르크스주의적이란 공격도 상당히 받았습니다. 하지만 내 생각에 근본적인 문제는, 좌파 혹은 엄격히 말해서 좌파 대부분에게 확실한 계급의식이 없었고 계급에 대한 충성도도 낮았다는 것입니다. 강력하고 진정으로 자유로운 계급의식과 계급에 대한 관심은 마르크스주의에서 비롯된 게 아닙니다. 그보다 마르크스주의에는 처음부터 계급에 대한 잡다한 생각과 의견이 있었습니다.

거의 모든 좌파는 지배적인 자본가계급을 비판하며, 노동자계급의 힘과 지위가 향상되기를 바란다고 말합니다. 출발점으로 이런 생각은 나무랄 데가 없습니다. 하지만 변호사와 의사, 기술자와 수준 높은 학자, 공장장은 어떨까요? 경제에서 의사결정권을 거의 독점적으로 휘두르는 사람들, 주로 지적인 노동을 하는 사람들, 자신의 노동 조건을 스스로 관리하면서 전형적인 노동자들의 노동 조건까지 결정하고 관리하는 사람들은 어떨까요? 내가 보기에는 미국 국민의 20퍼센트 정도가 자본가도 아니고 노동자도 아닙니다. 로빈과 내가 '조정자계급coordinator class'이라 칭한 계급의 일원으로, 경제력을 독점하고 그에 관련된 기능과 지식 등을 갖춘 사람들입니다.

미국의 노동자들은 이 계급을 가증스럽고 오만한 적이라 생각하면서도 자신들의 아들딸은 의사나 변호사가 돼 조정자계급에 속하기를 바랍니다. 얄궂으면서도 서글픈 일이지요. 하지만 대부분의 좌파는 조정자계급의 존재를 고려하지 않습니다. 놀라운 현상이 아닐 수 없습니다.

좌파 인사들은 개념적으로 조정자계급의 존재를 무시하지만 인생관과 가치관 및 목표는 노동자계급보다 조정자계급에 훨씬 가깝습니다. 따라서 나는 마르크스주의가 궁극적으로는 노동자계급의 이데올로기가 아니라 이런 지적인 관리자계급의 이데올로기라고 생각합니다. 레닌주의는 이런 조정자계급의 전략이고요. 말하자면 조정자계급이 자본과 노동을 적으로 삼고, 경제에서 지배적인 지위에 올라서기 위한 전략이었다는 겁니다.

1960년대에 배경과 습관 및 열망에서 조정자계급에 공감했던 젊은이가 많았습니다. 조정자계급도 반자본주의적인 마르크스주의 운동에 참여했고, 그 운동을 주도적으로 끌어갔으니까요. 그 젊은이들 못지 않게 도덕적이고 정의 구현을 위해 헌신했지만 우리는 조정자계급을 공공연히 인정할 수 없었습니다. 마음

속으로도 인정하기 힘들었습니다. 바로 여기에 혼란의 씨가 감춰져 있는 겁니다.

인종 문제와 성차별 문제에 눈을 뜨면서 계급에 대한 관심이 크게 줄어든 건 사실입니다. 계급 문제에 비판적으로 집중하는 동시에 여성운동과 반反인종차별 문제에 관심을 기울인 조직들이 있었더라면, 그 조직들은 조정자계급의 가치관과 의제를 다루지 않을 수 없었을 겁니다. 앞에서도 말했듯이 가치관과 의제에서 조정자계급과 노동자계급은 완전히 대치되는 데다, 인종차별과 성차별 문제를 따지려면 개인의 정치적 성향을 면밀히 검토할 수밖에 없었을 테니까요.

1960년대와 1970년대에 여성과 흑인 관련 조직들은 이데올로기적이고 제도적인 면에서 우리 사회와 조직 내에 팽배한 인종차별과 성차별 문제로 사람들의 관심을 끄는 데 앞장섰습니다. 그러나 많은 조직이 노동자를 끌어안으려 노력하지 않았습니다. 더구나 노동자를 지도부로 끌어들이려는 노력은 전혀 없었습니다.

계급에 대한 인습에서 해방된 새로운 관점을 찾아내고, 그 관점을 우리 삶과 장단기적인 프로젝트에 반영하기 위해서는 해야 할 일이 많습니다. 수십 년에 걸쳐 인종 문제와 성차별 문제를 극복하는 과정에서 경험했듯이, 우리의 목표가 이루어지기까지 때로는 난관에 부딪치고, 계급 문제에서 별다른 성과를 거두지 못하고, 노동자를 소외시키며, 심지어 억압적인 목표까지 설정하는 시행착오를 계속 겪을 겁니다.

사우스_ 계급 문제 이외에, 선생님은 부정주의negativism도 좌파의 문제라고 말씀하신 적이 있습니다. 이에 대해 더 자세히 말씀해주시겠습니까?

앨버트_ 지난 30년 동안 우리는 우리가 처한 상황이 얼마나 부당한지, 인종차별, 가난과 같은 민중이 견뎌야 하는 사회악을 일으키는 구조적 문제가 얼마나 심각한지에 대해 사람들의 의식을 고양하는 성과를 거두었습니다. 적어도 내가 판단하기에는 상당한 성공이었습니다. 그러나 우리가 원하는 것, 요컨대 변화를 이루어내기 위한 수단, 궁극적인 승리의 가능성, 우리의 목표 등에 대해서는 어떤 성과를 거두었는지 의문입니다. 억압의 정도와 집요함을 인식한다 하더라도 미래의 가능성에 대한 통찰력이 없으면 냉소만을 낳을 뿐, 저항을 기대하기는 어렵습니다. 안타깝지만 우리의 실제 상황이 그렇습니다. 그렇다고 억압의 근본적인 원인을 지적하고 적이 누구인지 고발하는 것까지 중단해야 한다는 뜻은 아닙니다. 하지만 현재의 상황은 우리에게 비전과 전략에 더 많은 관심을 기울이고, 민중을 암울한 처지에서 구해내고 그들에게 저항의식을 키워줄 수 있는 조직이 절실히 필요하다고 말해주고 있습니다.

나는 신좌파의 초기에 대단한 영향력을 발휘했던 칼 오글스비 Carl Oglesby의 연설을 기억합니다. 수많은 운동가들이 모인 집회에서는 거의 처음으로, 오글스비는 자유주의자들을 신랄하게 비판하며 베트남전쟁의 진짜 범인은 제국주의라고 주장했습니다. 이런 침투성을 지닌 '고발'이 당시 강력한 힘을 발휘했던 이유는 모든 사람에게 경각심을 갖게 하는 새로운 정보였기 때문입니다. 성차별과 인종차별, 가난 등에 대한 고발도 마찬가지였습니다. 그러나 30년이 지난 지금, 우리 사회제도에 대한 좌파의 고발은 민중이 이미 당연하게 받아들이는 수준을 넘어서지 못하는 실정입니다. 좌파의 부정적이고 비판적인 메시지는 분노와 행동을 낳기는커녕 적은 난공불락이라는 증거만을 더해줄 뿐입니다. 우리에게 필요한 것은 열망과 희망과 비전입니다. 하지만 거의 모두가 사회악을 열거하는 데만 열중하고 있습니다.

사우스_ 그 이유가 뭐라고 생각하십니까?

앨버트_ 솔직히 말해서 모르겠습니다. 나도 똑같은 질문을 많은 사람에게 던져보았습니다.

어쩌면 답은 쉬운 데 있을 겁니다. 어쩌면 습관 때문일지도 모릅니다. 대부분이 사회악을 능숙하게 열거하는 사람들을 따라가기 바쁘고 다른 시도는 해보지 않으니까요. 여기에서 불균형이 생긴 겁니다. 또 비전을 반박하고 심지어 사고와 이성까지 반박한 몇몇 포스트모더니스트의 얼빠진 헛소리도 어느 정도 영향을 미쳤을 겁니다……. 잠깐만요, 포스트모더니스트들에게 내가 욕을 먹을 수도 있으니 그들에게 변명을 좀 해야겠습니다. 그러니까 그들은 종파주의와 권위주의에 대한 당연한 불안감 때문에 혼란에 빠져, 비전이나 전략을 피해야 한다고 생각한 것일 수도 있습니다.

1960년대에 유명했던 인물로는 톰 헤이든Tom Hayden도 있습니다. 타협적인 이력을 가지고 있지만 사람들이 생각하는 것보다 훨씬 똑똑하고 통찰력도 뛰어난 사람입니다. 그는 좌파가 승리를 눈앞에 두고도 패배를 선택하는 경향이 있다고 주장했습니다. 내 생각에 헤이든은 서로 연관된 두 가지를 염두에 둔 듯합니다.

첫째, 우리는 모든 게 끔찍하다는 분석에만 사로잡혀 좋은 것도 있다는 걸 모릅니다. 성장을 칭찬하거나 인정하면 우리 본연의 목적을 왜곡하는 것이라 생각하는 좌파가 적지 않습니다. 자기 살을 파먹는 말도 안 되는 생각입니다. 성장이 불가능하다면 투쟁할 이유가 어디에 있겠습니까?

둘째로, 좌파가 전쟁 종식이나 소수민족 우대정책, 임금 인상

등에서 성과를 거두면 그 성과는 당국에 의해 법제화됩니다. 당국은 법안에 서명하거나 전쟁을 끝내고는 그 결과를 자기들의 공적으로 돌리며, 좌파는 이 결과를 얻는 데 짜증스러운 장애물에 불과했다며 비난을 퍼붓습니다. 그런데 좌파는 이런 조작을 너무 쉽게 받아들여 자신들의 성공을 끔찍한 실패로 둔갑시키는 어리석은 포용cooptation을 한다는 게 헤이든의 지적입니다.

사우스_ 하지만 포용과 타협은 분명히 존재합니다. 그런 현상은 당연히 비판해야 하지 않을까요?

앨버트_ 물론 포용과 타협이 있습니다. 당연히 그런 현상을 경계하고 감시해야 합니다. 그러나 우리는 큰 전투에서 승리하는 게 손해인 것처럼 행동합니다. 악당들이 텔레비전에 출연해 우리의 반대에도 불구하고 변화를 이루어냈다고 말하게 내버려둡니다. 그들은 항상 그런 식으로 조작합니다. 하지만 우리는 그들의 조작을 묵인하고, 우리가 이루어낸 성과를 이해하고 진실대로 설명하려 애쓰지 않습니다.

무엇이 승리이고 무엇이 승리가 아닌지 우리는 어떻게 알 수 있을까요? 나는 혁명가입니다. 우리 사회가 근본적으로 정상이라 생각하지 않습니다. 따라서 우리는 여기저기에 산재한 문제에 대처해야 합니다. 나는 사회의 근본적인 제도를 바꾸고 싶습니다. 정치 형태와 친족 관계, 문화와 경제를 뒤바꾸고 싶습니다. 따라서 우리가 치를 수 있는 투쟁과 그 결과에 대해 생각할 때 나는 크게 두 가지 기준을 사용합니다.

첫째로 민중, 특히 빈곤층의 삶이 개선되어야 합니다. 그렇다고 혁명 후에 모두의 삶이 나아질 것이라는 뜻은 아닙니다. 우리에게 윤리적인 관점에서 지금보다 더 나은 환경과 미래의 가능성에 대한 확실한 믿음이 필요하다는 이야기입니다.

둘째로, 성과가 순환 고리에서 벗어나 앞으로 전진해야 합니다. 혼신을 다한 투쟁만이 투쟁입니다. 반대편 사람들은 가능하면 적게 주려 하고, 과거에 준 것을 되돌려받을 기회를 호시탐탐 노립니다. 따라서 악착같이 성과의 열매를 거두고 끝까지 지키면서 되도록 확대해 나아가야 합니다. 진정으로 과거의 악을 넘어서려면 투쟁으로 거둔 성과를 힘없는 사람들에게 골고루 나눠주어야 하고, 더 근본적인 변화를 추구하는 원대한 운동을 지향해야 합니다.

무척 똑똑했던 1960년대 프랑스 작가 앙드레 고르Andre Gorz가 생각납니다. 고르는 우리에게 '비개혁주의적 개혁non-reformist reform'을 반복해서 이루어내야 한다는 생각을 처음으로 제시했습니다. 고르의 주장에 따르면, 비개혁주의적 개혁은 생활 방식, 법과 사회구조, 의식 및 조직 등에서 거둔 성과로, 삶의 질을 개선할 뿐만 아니라, 더 큰 변화를 위한 발판을 마련합니다. 따라서 이런 형태의 개혁은 끝이 아니라, 진행 과정의 일부에 불과합니다. 한 번 승리했다고 만족해버리면 그것으로 끝납니다. 그래서 어떤 운동이나 투쟁이 진정으로 가치가 있었느냐는 증거는 민중의 삶과 하부구조가 개선됐느냐는 것입니다. 더 큰 진보를 촉구하는 새로운 의식이나 환경이 조성됐느냐는 것입니다.

사우스_ 좌파에게 통일된 비전이 없다고 말씀하셨습니다. 우리가 무엇을 원하는지 모른다는 게 문제입니까? 우리가 비전에 대한 어떤 합의에도 이르지 못하는 것이 문제입니까?

앨버트_ 내 생각에는 우리가 원하는 게 무엇인지 좀처럼 생각해본 적이 없고, 그에 대해 진지하게 토론해본 적도 없다는 게 문제입니다. 대부분의 좌파는 '우리는 무엇을 위해 존재하는가?'라는 질문에 막연하고 별로 설득력이 없는 일반론을 넘어서는 대답을 하지 못합니다. 문화, 성, 인종, 정치, 정부, 물론 경제에 관련해서도 마찬가집니다. 폭넓게 지지받는 명쾌하고 인정할 수밖에 없는 비전이 있다면 합의도 자연스레 뒤따를 것입니다. 물론 약간의 반발이나 의혹은 있겠지만 말입니다. 사람들의 의식을 고쳐시키고 조직을 갖추는 과정에서도 이 정도의 진통은 있었습니다.

관심의 차이가 진정한 변화를 낳습니다. 백인과 남성은 소수 공동체에 속한 사람들과 여성에게 진정으로 원하는 게 뭔지 배워야 합니다. 자신들의 알량한 경험과 환경에서 배운 편협한 지식을 초월해야 합니다. 엘리트주의에 젖은 많은 좌파 인사들의 지적인 허세도 마찬가집니다. 노동자들에게 배워 그런 허세를 떨쳐내야 합니다. 이 모든 것이 토론의 마당에 놓일 수 있어야 합니다. 성·교육·문화를 건전하고 자유롭게 상호 교류하기 위해서 우리에게 필요한 것이 무엇인지 토론할 수 있듯이 말입니다.

사우스_ 다음 세대의 행동에서 특별히 걱정되는 부분이 있으십니까?

앨버트_ 대답하기 어려운 질문입니다. 세상에 부정적인 영향을 남기고 싶은 사람은 없을 겁니다. 습관적으로 반대하고, 우리가 이해하지 못하는 것이라고 무작정 비판하고 싶은 사람도 없을 겁니다. 때로는 방해가 되지 않게 멀찌감치 물러서 있는 것도 좋은 방법입니다. 하지만 내가 30년 전에 믿었던 가치에, 또 우리가 우리 자신을 정의하며 행동하던 방식에 요즘 젊은이들이 무관심하다고 해서 걱정하는 건 아닙니다. 젊은이들은 자신들이 우리 세대의 실수에서 뭔가를 배우면서 완전히 다른 것을 만들어내고 있다고 생각하겠지만, 미묘하게도 비판적인 관점에서 보면 그들이 우리 실수를 되풀이하고 있다는 생각을 떨칠 수 없어 걱정입니다.

사우스_ 예를 들면요?

앨버트_ 우리는 좌파적으로 사고하며, 뒤처진 사람들은 쉽게 조종당하고 무지하며 소비에 길들여진 사람이라고 생각했습니다. 요즘 젊은이들도 그렇습니다. 우리는 미국 일상생활의 많은 단면들, 예컨대 스포츠, 텔레비전, 영화, 사람들이 입고 먹는 것 등을 경멸했습니다. 요즘 젊은이들도 그렇더군요. 우리는 정치에 무관심한 사람들이 왜 그렇게 행동하는지 몰랐습니다. 따라서 그들이 지닌 용기와 통찰력을 활용하지 못했습니다. 그런데 요즘 젊은이들도 똑같은 잘못을 되풀이하고 있습니다. 걱정스러운 현상이지만 젊은이들만의 잘못이 아닌 것만은 분명합니다. 자기비판적이지 못하고 경험에서 교훈을 끌어내지 못한 우리 세대의 잘못입니다.

사우스_ 경제적 비전에 대한 선생님의 생각을 말씀해주시겠습니까?

앨버트_ 공동 저자이자 친구인 로빈 하넬과 함께, 나는 경제적 비전을 연구하면서 많은 시간을 보냈고, 그 비전에 '참여경제

participatory economics'라는 이름을 붙였습니다. 참여경제는 좌파적 관점에서 경제를 보는 사람들이 줄곧 주장해왔지만 실질적으로는 이루어내지 못했던 것, 즉 어떤 결정을 내리느냐에 따라 영향을 받는 사람들에게 경제의 결정권을 양도하는 것을 목표로 합니다.

참여경제에서는 시장을 정의와 자주관리[*]에 반하는 것으로 여겨 거부합니다. '시장 사회주의'나 '중앙에서 계획된 사회주의' 등 어떤 이름으로 포장하든 사회 민주주의를 비롯한 '과거의 모델들'도 인정하지 않습니다. 과거의 모델들은 관리자와 기획자, 지적인 노동자를 지배적 지위에 두는 경제체제이기 때문입니다. 참여경제에서는 보상이 노력과 희생에 비례하지, 권력이나 재산에 비례하지 않습니다. 많은 진보주의자들이 찬성하는 것처럼 사회적 생산에 얼마나 기여했느냐에 따라 보상이 결정되지도 않습니다.

참여경제에서 경제주체는 공정한 소득만이 아니라 공정한 환경을 보상받아야 하며, 더 많은 권한을 부여받은 사람 즉 경제를 운영하는 사람과, 권한을 덜 부여받은 사람 즉 발언권이 거의 없어 남의 명령을 따르는 사람으로 인간을 나누지 않습니다. 참여

* 노동자 스스로 기업을 관리하는 것.

경제에서는 균형 잡힌 일자리를 제공합니다. 즉 각자에게 알맞은 책임과 업무로 이루어지고, 다른 사람과 비교해서 비슷한 삶의 질과 권한을 누릴 수 있는 일자리가 각자에게 제공됩니다.

참여경제에서는 평의회 민주주의council democracy를 지향합니다. 평의회 민주주의는 오랜 전통을 가진 개념으로, 우리가 할당 대신에 '참여계획participatory planning'이라 칭하는 것이기도 합니다. 로빈과 나는 많은 책과 논문을 통해 이런 경제적 비전을 밝혔고, 다양한 정기간행물에서 이에 대한 토론이 있었습니다. 게다가 사우스엔드프레스와 아르바이터링프레스 및 여러 웹사이트에서 이런 경제적 비전을 부분적으로 실험해보기도 했습니다. Znet의 공개 토론장에도 참여경제에 대한 의견이 많이 올라와 있습니다.

지금까지 지난 30년을 간략하게 훑어보았습니다. 나는 우리를 웅크린 삶에서 벌떡 일어나 억압에 분노하며 새로운 세상을 만들어가도록 끊임없이 자극하는 인간적이고 공정한 열망이 깃든 마르지 않는 원천, 이른바 좌파주의leftism에서 희망을 봅니다. 그러나 자원의 한계 때문에 그런 사람을 찾아내지 못해 그들과 교류하지 못할 뿐 아니라, 그런 사람을 찾아내더라도 성격적 한계 때문에 그들을 실질적으로 내치는 좌파들이 적지 않습니다. 우리가 해결해야 할 당면 과제입니다.

찾아보기

가

가부장제 ·················· 18, 82~84
가상의 상원················· 49
개량적 페미니즘 ··· 148, 149, 151, 152
건강보험 ······ 61, 76, 165, 174, 199, 200
게이와 레즈비언 운동············ 67
게이츠, 헨리 루이스 주니어 ········· 146
《게이 커뮤니티 뉴스》············· 17
경제적 압력················ 33
경제협력개발기구OECD ·········· 50
'골든 벤처'호 ··············· 108
고갱, 폴 ·················· 154
고르, 앙드레 ············· 215, 216
공동체적이고 초월적인 경험 ······· 166
광산 ················· 18, 121~123
교도소 ················· 40, 165
국제원주민교섭협의회 ··········· 121
군국주의 ········ 18, 33, 142, 146, 152
군중 ·················· 167, 169
《권력에 진실을 말하라》·········· 194
권위주의 ··············· 198, 213
그람시, 안토니오 ·············· 200
그린피스 ·················· 125
금융자본 ··················· 48
《금지된 노동자》············· 104
기독교연합 ·········· 69, 70, 72, 199

나

기업화 ·················· 14, 51

《나는 여자가 아닙니까?》 ········ 18, 139
나바호(족) ············· 17, 121~123
냉소주의 ··················· 132
네이더, 랠프 ··········· 39, 119, 120
녹색당 ················· 39, 119
뉴아메리카 운동NAM ······ 164, 189, 190
닉슨, 리처드 M. ············ 94, 197

다

다자간투자협정MAI ············ 49, 50
당장의 개혁을 위한 지역공동체 조직
 ACORN ·················· 175
대중문화 ················ 20, 152
대지를 존중하라 ·············· 135
대체 노동자················· 54
더거, 로니 ·················· 38
동성애 혐오증 ············· 75, 147
《디트로이트》··············· 185

라

라듀크, 위노나 ··········· 16, 17, 20
라루슈, 린든 ················ 198
랜돌프, 필립 ················· 29

러들로 학살 ······················ 26
러스틴, 베야드 ···················· 186
레이건, 로널드 ········ 18, 33, 63, 191,
193, 197
로렌스 섬유공장 파업 ············· 27
루이스, 앤서니 ···················· 59
리더십 ······················ 133, 195
리드, 아돌프 ······················ 146

마

마르크스주의(자) ········· 98, 100, 103,
190, 191, 193, 194, 207~209
마약 ······················ 40, 163, 165
매러블, 매닝 ··················· 15~17
맬컴 엑스 ······················ 196
메디케어 ···················· 35, 55, 86
무어, 마이클 ······················ 59
무지개연합 ·········· 187, 193, 194, 196
미국 노동 총연맹AFL ············· 27
미국 노동 총연맹 산업별 회의
AFL-CIO ····················· 29, 162
미국민주사회당DSA ··· 164, 190~192
미디어 ········· 12, 16, 36, 40, 41, 48, 50,
56, 57, 59, 133, 155
민주사회를 위한 학생연합 ······ 15, 93
'민주주의의 위기' ·················· 48
민중의 환희 ······················ 167
밀라이 학살 ························ 94

바

바이드, 우르바시 ············ 16~18, 21
반전운동 ······················ 15, 80

배키 판결 ······················ 197
백만인 걷기 대회 ············ 146, 197
백인 우월주의 ········ 15, 141, 142, 152
번치, 샬럿 ························ 150
범죄 ············ 40, 41, 71, 79, 87, 165
베이커, 엘라 ······················ 184
베트남전쟁 ······ 15~17, 19, 33, 93, 94,
121, 189, 212
벤 앤드 제리스 ···················· 179
《보수적인 미국에서 흑인의 해방운동》
························ 195, 198
복지정책 ················· 62, 63, 146, 165
복지제도 ·························· 56
볼드윈, 제임스 ···················· 153
부정주의 ·························· 211
북미자유무역협정NAFTA ··········· 59
불법 이민자 ················· 104, 105, 107
《불신의 문화》 ···················· 144
뷰캐넌, 팻 ······················ 69, 70
《블랙워터》 ······················ 191

사

사로-위와, 켄 ···················· 198
사이드, 에드워드 ·················· 150
사형(제) ··················· 14, 26, 38~40
사회변동의 마블 이론 ············ 177
사회보장제도 ········ 35, 55, 56, 86, 197
산업별 노동조합CIO ··············· 27
상징적 표상 ······················ 186
생물학적 결정론 ·················· 170
서킨, 마빈 ························ 185
셰익스피어 ······················ 154

소련 ····· 194
《소셜 텍스트》 ····· 170
소칼, 앨런 ····· 170
수력발전 ····· 123
슐래플리, 필리스 ····· 84
스타이넘, 글로리아 ····· 150
스테일리 파업 ····· 54, 55, 60
스토파드, 톰 ····· 31
스포츠 ····· 20, 167, 218
시민동맹 ····· 38
시에라클럽 ····· 129
식민주의 ····· 150, 154
신좌파 ····· 20, 79~81, 183, 206, 212

아

아메리카 인디언 운동 AIM ····· 17
아부자말, 무미아 ····· 38
아시아계 미국인 ····· 15, 98, 108, 110~112
아프리카계 미국인 ····· 94, 110, 153, 184, 186, 191
앨버트, 마이클 ····· 15
에런라이크, 바버라 ····· 13, 16, 17, 20
《에마》 ····· 29, 31
엘리트주의(자) ····· 18, 20, 147, 217
여성해방운동 ····· 73, 80
역사적 관점 ····· 102
연대운동 ····· 45, 46, 49, 58
예술 ····· 29~32, 153, 154
오글스비, 칼 ····· 212
오리엔탈리즘 ····· 150
우라늄 ····· 18, 121~123

워싱턴, 부커 T. ····· 198
워싱턴, 해럴드 ····· 193
웨스트, 코넬 ····· 146, 147
웨이 창 의류공장 ····· 105
유전자 ····· 172
유카 산 ····· 135
UPS 파업 ····· 25, 27, 161, 162, 175
은크루마, 콰메 ····· 153
이메일 ····· 38, 39
이슬람 국가운동 ····· 72, 196
인구 분포와 지리적 위치 ····· 142
인디고 걸스 ····· 117, 118, 135
인터내셔널 하베스터 파업 ····· 26
일자리 ····· 28, 29, 71, 87, 110, 176, 220

자

자본 집약적인 산업 모델 ····· 123
《자본주의는 어떻게 검은 아메리카를 개발하지 않았나》 ····· 191
잭슨, 제시 ····· 187, 193, 194, 196
전국흑인정치연합 ····· 189
정체성 정치 ····· 17, 20, 77, 79, 111, 112, 145
정치극 ····· 29, 31
제3정당 ····· 39
제시카 맥클린탁 ····· 105
제임스, 시릴 ····· 184, 194, 195, 200
제임스 만 ····· 123, 128, 129
조르가카스, 댄 ····· 185
조정자계급 ····· 209, 210
종교 ····· 20, 69, 143, 144, 168
중국인노동자협의회 ····· 100, 102

중국인진보연합 ········· 95
〈지 아이 제인〉 ············· 152
진, 하워드 ················· 15
《진실한 것》················· 31
집단 환희 ················· 168
징 풍 식당 사건 ·········· 105, 106

차

차별철폐조치 ··············· 28
차이나타운 ··· 17, 93, 95~100, 105, 106
참여경제 ·················· 219, 220
촘스키, 노엄 ······ 14~16, 19, 20, 147, 148

카

카브랄, 아밀카르 ········· 153, 195, 201
카터, 스티븐 ·············· 144
캐터필러 파업 ············ 54
콜, 조지 ·················· 177
콜로라도 파업 ············ 26
킹, 피터 ················· 15~17, 20
크라우치, 스탠리 ·········· 146
클린턴, 빌 ········ 13, 14, 53, 161, 197
킹, 마틴 루서 ············ 15, 29, 188

타

트럭 운전사 조합 ·········· 162, 175
특권계급 ········ 145, 146, 149, 150, 155

파

패러칸, 루이스 ··········· 71, 196~198

페로, 로스 ················ 39
페르메이르, 얀 ············ 154
포, 다리오 ················ 29, 30
프로파간다 ········· 12, 16, 53, 60
프리단, 베티 ·············· 150
《피의 제전》············ 166, 170, 171

하

하넬, 로빈 ········ 208, 209, 219, 220
학생비폭력조정위원회SNCC ······ 183~185
할렘 폭동 ················ 29
해링턴, 마이클 ············ 191, 192
해머, 패니 루 ············· 184
해외 설비 ················ 54
핵발전소 ················· 122, 123
핸즈베리, 로렌 ············ 153
행동주의 지식인 ··········· 100
허먼, 에드워드 ············ 16
헤이든, 톰 ··············· 213, 214
헤이마켓 사건 ············· 26
혁명적 페미니즘 ······ 148, 149, 150
혁명적흑인노동자동맹LRBW ······ 183~185
호찌민 ·················· 195
화이트 어스 토지 회복 프로젝트 ······ 135
훅스, 벨 ················· 15, 18
흑인권력운동 ·············· 141
희생양 ·················· 71